المصارعة الروحية

ديريك برنس

المصارعة الروحية

Originally published in English under the title
Spiritual Warfare
ISBN 978-0-88368-670-6

Copyright © 1973, 2002 Derek Prince Ministries–International.
All rights reserved.

المؤلف: ديريك برنس
الناشر: المؤسسة الدولية للخدمات الاعلامية
ت: +٢٠ ١٠٠ ٨٥٥ ٩٨٨٩
المطبعة: مطبعة سان مارك ت: +٢٠٢ ٢٣٤١٨٨٦١
التجهيز الفني: جي سي سنتر ت: +٢٠٢ ٢٦٣٧٣٦٨٦
الموقع الالكتروني: www.dpmarabic.com
البريد الالكتروني: sales@dpmarabic.com
رقم الايداع: ٢٢٠٦٣ - ٢٠٠٧/١٠/١
الترقيم الدولي: 977-6194-17-6

Derek Prince Ministries–International
PO Box 19501
Charlotte, North Carolina 28219
USA
Translation is published by permission

Copyright © 2013 Derek Prince Ministries–International

www.derekprince.com

DPM

المحتويات

الجـزء الأول

طبيعـة الحـرب

الفصل الأول

مواجهة بين مملكتين

يصف العهد الجديد شعب الله بصور متنوعة، ففي رسالة أفسس ـ مثلاً ـ يقدم الكتاب شعب الله بالصور التالية: عائلة، هيـكل، وعروس المسيح. أما الصورة الأخيرة لشعب الله في الرسالة إلى مؤمني أفسس فهي صورة الجيش.

ومـن التزامات هذا الجيش أن يحارب حرباً عالمية في حجمهـا، إذ أنهـا تؤثر على كل جزء مـن أجزاء العالم الذي نعيـش فيـه. بـل إن كلمة «عالميـة» لا تـفـي بوصف حجم هـذا الصراع، فهو صراع لا يشمل الأرض فحسب، بل يمتد خـارج الأرض إلى السموات نفسهـا. والواقع أن العبارة الأكـثر ملائمة لوصف هـذا الصراع هو «حرب كونية» لا «عالمية»، فهي حرب تشمل الكون المخلوق كله.

أمـا المقطـع الكتابـي الـذي يعلن هذا الصـراع بوضوح ويصف طبيعتـه فهـو (أفسس ٦: ١٠ ـ ١٢)، فلنقـرأ معـاً

العددين (١٠، ١١)، ثم نقارن العدد (١٢) في ترجمات أخرى للكتاب المقدس:

«**أَخِيراً يَا إِخْوَتِي تَقَوُّوا فِي الرَّبِّ وَفِي شِدَّةِ قُوَّتِهِ. الْبَسُوا سِلاَحَ اللهِ الْكَامِلَ لِكَيْ تَقْدِرُوا أَنْ تَثْبُتُوا ضِدَّ مَكَايِدِ إِبْلِيسَ.**»

يؤكد بولس على أننا كمؤمنين نخوض حرباً نحتاج فيها إلى السلاح المناسب. ويقول إن عدونا هو إبليس نفسه. وفي العدد (١٢)، يتابع بولس موضحاً طبيعة هذه الحرب فيقول:

«**فَإِنَّ مُصَارَعَتَنَا لَيْسَتْ مَعَ دَمٍ وَلَحْمٍ، بَلْ مَعَ الرُّؤَسَاءِ، مَعَ السَّلاَطِينِ، مَعَ وُلاَةِ الْعَالَمِ، عَلَى ظُلْمَةِ هَذَا الدَّهْرِ، مَعَ أَجْنَادِ الشَّرِّ الرُّوحِيَّةِ فِي السَّمَاوِيَّاتِ.**»

وفي الترجمة العربية الجديدة، المشتركة:

«فنحن لا نحارب أعداءً من لحم ودم، بل أصحاب الرئاسة والسلطان والسيادة على هذا العالم، عالم الظلام والأرواح الشريرة في الأجواء السماوية.»

وفي الترجمة الكاثوليكية (الطبعة الثانية عشر، دار المشرق ١٩٨٦):

«فلسنا نكافح أعداءً من لحم ودم، بل أصحاب الرئاسة والسلطان وولاة هذا العالم، عالم الظلمات: نكافح الأرواح الخبيثة في الجو».

ففي أيّة ترجمة أردت، من الواضح أننا ـ كمؤمنين ـ طرفٌ في صراع هائل مذهل، لا يمكن التغاضي عنه.

ولقـد تأملت مراراً وتكراراً في (أفسس ٦: ١٢) في اللغة اليونانيـة الأصليـة، ثُمَّ عَمَدتُ بعد ذلك إلى وضع صياغة تفسيريـة خاصـة لهـذا العدد يمكنك أن تسميها «ترجمة ديريك برنس».

«فإن مباراة المصارعة التي نخوض، ليست ضد لحم ودم (أي ليست ضد أشخاص ذوي أجساد)، بل ضد حكام على مناطق مختلفة، وذوي رتب متسلسلة في السلطان، ضد المسيطرين على العالم في ظلمة هذا الدهر؛ ضد قوى الشر الروحية في السماويات».

لماذا اخترت بعض هذه الكلمات؟ أقول: «.... حكام على مناطق مختلفة، وذوي رتب متسلسلة»، لأن هذه الكلمات تصور مملكة على قدر كبير من الترتيب والتنظيم، وفيها رتبٌ مختلفة متسلسلة: حكام ذوي مناصب أعلى وآخرون

أقـل منهم وهكذا، وهـؤلاء مسئولون عـن مناطق مختلفة. وقـد استخدمت الكلمة «مسيطرين» قائـلاً: «... المسيطرين على العـالم في ظلمة هـذا الدهـر»، لأن الكلمـة «يسيطر» تصف كيفية معاملة الشيطان للبشر.

وتؤكـد معظم الترجمـات علـى أن مقر هـذه المملكـة المنظمة هو في «السماويـات». (نأتي إلى توضيح ذلك في الفصل الثاني).

وفيمـا يلـي بعـض الملاحظـات التـي نستخلصها من (أفسس ٦: ١٢):

أولاً: يشمـل هذا الصـراع كل المؤمنين، ولا يقتصر على فئة معينة محـددة كالمرسلين أو الرعـاة أو المبشرين، بل يشمـل الجميـع. وهـذه حقيقة يتغافـل عنها كثيرون من المؤمنين.

تبدأ الترجمة العربية الجديدة هذا العدد هكذا: «فنحن لا نحـارب أعداءً من لحـم ودم....» ويبدو كأن معظم المؤمنين وقفـوا عنـد هذا الحد، ووضعوا (نقطـة) وراء هذه الكلمـات ـ فلم يقـرأوا تتمة العبارة! فكل ما يفعلونه هو الجلوس على المقاعـد في مبنـى الكنيسـة، وترديد بعض الترانيم. لكن

بولس يقصد أن يقـول: «نحن في حرب، في مصارعة. لكن ليس مع لحم ودم.»

لاحـظ أيضاً عبـارة «مبـاراة المصارعـة.» فالمصارعة المباشرة هي أشد أشكال الصراع بين شخصين، إذ ينبغي استخـدام كل جزء من الجسد وكل مهارة وحيلة سعياً وراء الفوز. إنه صراع شامل وجامع.

يسود الشيطان على مملكة منظمة جداً، تحتوي على عدة تقسيمات ومستويـات في السلطة. أما مقر المملكة فهو في السماويـات، أو في الأمـاكن السماويـة. إنها حقيقة مذهلة حقاً، لكنها معلنة وواضحة تماماً.

ويندهش بعض الناس من حقيـقة المستوى التنظيمي الدقيـق في مملكة يرأسهـا الشيطان. لكن الكتاب المقدس يطالعنـا بمؤشرات واضحة كثيرة في هـذا الصـدد : في (متى ١٢: ٢٢ ـ ٢٨)، نقـرأ كيف شفى يسـوع رجلاً أعمى وأبكم، وذلك بطرد روح شرير منه. ثم يقول الكتاب:

«فَبُهِـتَ كُلُّ الْجُمُوعِ وَقَالُوا: «أَلَعَلَّ هَذَا هُوَ ابْنُ دَاوُدَ؟» . أَمَّا الْفَرِّيسِيُّونَ فَلَمَّا سَمِعُوا قَالُوا: «هَذَا لاَ يُخْرِجُ الشَّيَاطِينَ إِلاَّ بِبَعْلَزَبُولَ رَئِيسِ الشَّيَاطِينِ» . (متى ١٢: ٢٣ ـ ٢٤).

ويعني «بعلزبول» حرفياً «رب الذباب». وهو لقب الشيطان من جهة كونه حاكماً على الأرواح الشريرة، لأن الأرواح الشريرة تشبه بعالم الحشرات (وخاصة الذباب الذي يتجمع على القذارة والأوساخ). وقد تجاوب يسوع مع الفريسيين كما نرى في العددين التاليين:

«فَعَلِمَ يَسُوعُ أَفْكَارَهُمْ وَقَالَ لَهُمْ: «كُلُّ مَمْلَكَةٍ مُنْقَسِمَةٍ عَلَى ذَاتِهَا تُخْرَبُ، وَكُلُّ مَدِينَةٍ أَوْ بَيْتٍ مُنْقَسِمٍ عَلَى ذَاتِهِ لاَ يَثْبُتُ. فَإِنْ كَانَ الشَّيْطَانُ يُخْرِجُ الشَّيْطَانَ فَقَدِ انْقَسَمَ عَلَى ذَاتِهِ. فَكَيْفَ تَثْبُتُ مَمْلَكَتُهُ؟» (متى ١٢: ٢٥ ـ ٢٦).

من الواضح في هذا النص أن للشيطان مملكة، وأنها مملكة غير منقسمة، بل هي على درجة كبيرة من التنظيم، وأنها مملكة ثابتة حتى الآن ولم تخرب بعد. ويتابع يسوع قائلاً:

«وَإِنْ كُنْتُ أَنَا بِبَعْلَزَبُولَ أُخْرِجُ الشَّيَاطِينَ، فَأَبْنَاؤُكُمْ بِمَنْ يُخْرِجُونَ؟ لِذلِكَ هُمْ يَكُونُونَ قُضَاتَكُمْ! وَلكِنْ إِنْ كُنْتُ أَنَا بِرُوحِ اللهِ أُخْرِجُ الشَّيَاطِينَ، فَقَدْ أَقْبَلَ عَلَيْكُمْ مَلَكُوتُ اللهِ!» (متى ١٢: ٢٧ـ٢٨).

ويذهب يسوع هنا إلى ذكر مملكة أخرى هي «ملكوت

الله»؛ إنــه يؤكد مسألة تتعلق بـالكشـف عن الصراع القائم بـين المملكتـين إذ يقـول: «**إِنْ كُنْتُ أَنَا بِــرُوحِ اللهِ أُخْرِجُ الشَّيَاطِــينَ، فَقَدْ أَقْبَلَ عَلَيْكُمْ مَلَكُــوتُ اللهِ**!»، أي أن خدمة إخــراج الشيـاطـين (الأرواح الشريرة) تكشـف قوات مملكة الشيطــان، وتبرهــن أيضــاً علــى سيــادة ملكـوت **الله**. ذلك لأن إخــراج الأرواح الشريرة يتم تحـت سلطان ملكوت **الله**. والخُلاصـة أن هنـاك مملكتـان متعـارضتـان: ملكوت **الله** ومملكة الشيطان.

مرة أخرى، يقول بولس في (كولوسي ١: ١٢ ـ ١٤):

«**شَاكِرِينَ الآبَ الَّذِي أَهَّلَنَا لِشَرِكَةِ مِيرَاثِ الْقِدِّيسِينَ فِي النُّورِ، الَّذِي أَنْقَذَنَا مِنْ سُلْطَــانِ الظُّلْمَةِ وَنَقَلَنَا إِلَى مَلَكُوتِ ابْنِ مَحَبَّتِهِ، الَّذِي لَنَا فِيهِ الْفِدَاءُ، بِدَمِهِ غُفْرَانُ الْخَطَايَا**».

لاحــظ أنه يتحدث عن عـالمــين أو مملكتين: مملكة النور حيــث ميراثنــا، ومملكة الظلمــة. أما الكلمــة المترجمة هنا «سلطــان» فهي ترجمة للكلمــة اليونـانيــة «exusia» وهي ترجمــة صحيحة ودقيقة، فللشيطان سلطان شئنا أم أبينا؛ إنــه يملك على مملكة يقر الكتـاب المقدس بوجودهـا. وهكذا تقف هـاتـان المملكتان وجهاً لوجه في حرب مميتة، وتصل هــذه الحــرب إلى أوجها في أيامنـا، حيـث يقترب هذا الدهر من نهـايته.

الفصل الثاني

مقر الشيطان

يوضح بولس في (أفسس ٦: ١٢) أننا كمؤمنين طرف في حرب شرسة، هي صراع حياة أو موت. أما الطرف الآخر فهو تلك المملكة المنظمة المأهولة بالأرواح الشريرة المتمردة، ومقرها في السماويات.

وتثير الكلمة «السماويات» مشكلة في أذهان المؤمنين: إن كان الشيطان قد طُرد من السماء منذ وقت طويل، فكيف مازال يحتل مكاناً في نطاق السماء؟!

أجيب عن هذا السؤال بالإشارة إلى بعض المقاطع الكتابية التي تصف أحداثاً تعود إلى فترة طويلة بعد عصيان الشيطان وطرده من السماء. وتُشير هذه المقاطع إلى أن الشيطان كان قادراً على الدخول إلى محضر **الله** في السماء.

نقرأ من (أيوب ١: ٦ ـ ٧) ما يلي:

«**وَكَانَ ذَاتَ يَوْمٍ أَنَّهُ جَاءَ بَنُو اللهِ لِيَمْثُلُوا أَمَامَ الرَّبِّ وَجَاءَ الشَّيْطَانُ أَيْضاً فِي وَسَطِهِمْ. فَقَالَ الرَّبُّ لِلشَّيْطَانِ: «مِنْ أَيْنَ جِئْتَ؟» فَأَجَابَ الشَّيْطَانُ: «مِنَ الْجَوَلاَنِ فِي الأَرْضِ وَمِنَ التَّمَشِّي فِيهَا**».»

وتتكرر الحادثة نفسها في (أيوب ٢: ١ ـ ٢):

«**وَكَانَ ذَاتَ يَوْمٍ أَنَّهُ جَاءَ بَنُو اللهِ لِيَمْثُلُوا أَمَامَ الرَّبِّ وَجَاءَ الشَّيْطَانُ أَيْضاً فِي وَسَطِهِمْ لِيَمْثُلَ أَمَامَ الرَّبِّ. فَقَالَ الرَّبُّ لِلشَّيْطَانِ: «مِنْ أَيْنَ جِئْتَ؟» فَأَجَابَ الشَّيْطَانُ: «مِنَ الْجَوَلاَنِ فِي الأَرْضِ وَمِنَ التَّمَشِّي فِيهَا**».

وهكذا نرى كيف كان للشيطان دخول مباشر إلى محضر **الله** في ذلك الوقت (أيام أيوب). فعندما جاءت ملائكة **الله** إلى محضر **الله** لكي تقدم تقاريرها، كان الشيطان بينهم هناك. ويبدو من النص أن الملائكة الأخرى لم تتعرف على الشيطان. ويمكن فهم ذلك على خلفية كلمات بولس في (٢كورنثوس ١١: ١٤)، حيث يؤكد أن « الشيطان نفسه يغير شكله إلى شبه ملاك نور.» وهذا يولد عندي انطباعاً مفاده أن الرب وحده له القدرة على معرفة هوية الشيطان.

يبدو إذاً أن الشيطان كان قادراً على الظهور في محضر الله على أنه واحدٌ من الملائكة ، ومن دون أن يكتشفه الملائكة الآخرون.

ثم يقول الرب: « «مِنْ أَيْنَ جِئْتَ؟» » بمعنى «ما الذي تفعله هنا؟!» لم يطرد الرب الشيطان من محضره فوراً، لكنه تحدث إليه. إذاً نحن نعرف الآن أن الشيطان كان يستطيع الدخول إلى محضر الله أيام أيوب.

« **وَسَمِعْتُ صَوْتاً عَظِيماً قَائِلاً فِي السَّمَاءِ: «الآنَ صَارَ خَلاَصُ إِلَهِنَا وَقُدْرَتُهُ وَمُلْكُهُ وَسُلْطَانُ مَسِيحِهِ، لأَنَّهُ قَدْ طُرِحَ الْمُشْتَكِي عَلَى إِخْوَتِنَا الَّذِي كَانَ يَشْتَكِي عَلَيْهِمْ أَمَامَ إِلَهِنَا نَهَاراً وَلَيْلاً.»** (رؤيا ١٢: ١٠).

الشيطان هو «المشتكي على إخوتنا.» لاحظ أنه ـ وحتى ذلك الوقت ـ كان مايزال يشتكي على شعب الله، وفي محضر الله، نهاراً وليلاً، ونتابع في (رؤيا ١٢: ١١ ـ ١٢):

« **وَهُمْ غَلَبُوهُ بِدَمِ الْحَمَلِ وَبِكَلِمَةِ شَهَادَتِهِمْ، وَلَمْ يُحِبُّوا حَيَاتَهُمْ حَتَّى الْمَوْتِ. مِنْ أَجْلِ هَذَا افْرَحِي أَيَّتُهَا السَّمَاوَاتُ وَالسَّاكِنُونَ فِيهَا. وَيْلٌ لِسَاكِنِي الأَرْضِ وَالْبَحْرِ، لأَنَّ إِبْلِيسَ نَزَلَ إِلَيْكُمْ وَبِهِ غَضَبٌ عَظِيمٌ، عَالِماً أَنَّ لَهُ زَمَاناً قَلِيلاً** ».»

تشير هذه الفقرة وما قبلها إلى أن الشيطان مازال يدخل إلى محضر **الله**، ومازال يستغل دخوله هذا لكي يشتكي على شعب **الله**. ومن الواضح أن الفقرات الكتابية التي اقتبسناها تتحدث عن أزمنة جاءت بعد سقوط الشيطان بكثير. فما هو تفسير ذلك إذاً؟ أنا أعتقد أن هناك أكثر من سماء واحدة، وهي حقيقة واضحة في الكتاب المقدس كله. في (تكوين ١: ١) نقرأ ما يلي: « **فِي الْبَدْءِ خَلَقَ اللهُ السَّمَاوَاتِ وَالأَرْضَ.** »، والكلمة العبرية المترجمة «سموات» هي «شمايم» حيث يدل الحرفان الأخيران منها على صيغة الجمع. إنها المرة الأولى التي يذكر بها الكتاب شيئاً عن السماء، فنراه يشير إليها بالجمع لا بالمفرد.

وفي (٢أخبار الأيام ٢: ٦)، ينطق سليمان بهذه الكلمات في معرض صلاته للرب وقت تدشين الهيكل: « **وَمَنْ يَسْتَطِيعُ أَنْ يَبْنِيَ لَهُ بَيْتاً، لأَنَّ السَّمَاوَاتِ وَسَمَاءَ السَّمَاوَاتِ لاَ تَسَعُهُ....** » وتشير العبارة «سماء السموات» - وهي ترجمة حرفية عن العبرية - إلى أن هناك أكثر من سماء واحدة.

أما كلمة «سماء» في العبارة «سماء السموات» فتشير إلى سماء تعلو عن السماء، بمقدار ما تعلو عن الأرض!

أمــا فــي (٢كورنثوس ١٢: ٢ ـ ٤)، فإننا نجد بولس أكثر تحديداً ودقة عندما يقول:

«أَعْرِفُ إِنْسَانـاً فِي الْمَسِيحِ قَبْلَ أَرْبَعَ عَشْرَةَ سَنَةً. أَفِي الْجَسَدِ؟ لَسْتُ أَعْلَمُ، أَمْ خَارِجَ الْجَسَدِ؟ لَسْتُ أَعْلَمُ. اللهُ يَعْلَمُ. اخْتُطِفَ هَـذَا إِلَى السَّمَاءِ الثَّالِثَةِ. وَأَعْرِفُ هَذَا الإِنْسَانَ. أَفِي الْجَسَدِ أَمْ خَارِجَ الْجَسَدِ؟ لَسْتُ أَعْلَمُ. اللهُ يَعْلَمُ. أَنَّهُ اخْتُطِفَ إِلَى الْفِرْدَوْسِ، وَسَمِعَ كَلِمَاتٍ لاَ يُنْطَقُ بِهَا، وَلاَ يَسُوغُ لإِنْسَانٍ أَنْ يَتَكَلَّمَ بِهَا.»

قبــل أن أكون معلماً وواعظاً، كنت رجل منطق وفلسفة، ولا أستطيــع أحياناً أن أهرب من المنطق. ويقنعني المنطق بأن وجود سماء ثالثة يتضمن أن هناك سماءً أولى وثانية؛ فهنــاك ثلاث سمــوات على الأقل. ومن الواضــح أن السماء الثالثــة هــي حيث الفردوس (مكان راحة الأبــرار الذين انتقلوا)، وحيث يسكن الله نفسه أيضاً.

في (أفسس ٤: ١٠) نقرأ عن موت المسيح وقيامته:

«اَلَّذِي نَزَلَ هُوَ الَّذِي صَعِدَ أَيْضاً فَوْقَ جَمِيعِ السَّمَاوَاتِ، لِكَيْ يَمْلأَ الْكُلَّ.»

لاحظ العبارة «جميع السموات ـ All the heavens» إنها تؤكد على صيغة الجمع التي لا يمكن استخدامها للإشارة إلى أقل من ثلاثة. عندما كنت أدرس اللغة الإنجليزية لطلاب أفارقة في كينيا، قال لي أحد الطلاب: «جاء جميع والدي لرؤيتي ـ All my parents» فقلت له: «من الخطأ أن تقول «جميع والدي ـ All my parents» لأنه ليس لك أكثر من والدين اثنين.» وهذا ينطبق على العبارة «جميع السموات ـ All the heavens» فلابد من أن هناك ثلاث سموات على الأقل، وأعتقد أن هذا واضحٌ في متن الكتاب المقدس بمجمله؛ وهذا يقودنا إلى حل مشكلة وجود مملكة الشيطان في المجال السماوي.

وأنا أعتقد بثلاث سموات. هذا رأيي، وليس عقيدة أو تعليماً مبرهناً وراسخاً. لكنني أعتقد أنه معقول ينسجم مع حقائق كلمة الله ومع ما تحتويه الكلمة ومع ما تحتويه من اختبارات. فما هي هذه السموات الثلاث؟ الأولى هي السماء المرئية الطبيعية، والتي تتضمن الشمس والقمر والنجوم المرئية. أما السماء الثالثة فنعرفها من (٢كورنثوس ١٢)، فهي مكان سكنى الله، إنها الفردوس حيث مكان راحة الأبرار المنتقلين (أي الراحلين)، إنها المكان الذي اختطف

إليه «إنسان»، وسمع الله ينطق بكلمـات لا يسوغ لإنسان
أن يتكلم بها.

وهكـذا نجـد أنفسنا أمـام السمـاء الثانيـة، والتي تقع
بالتأكيـد بـين الأولى والثالثـة. وأستطيـع أن أفهم أن تلك
السمـاء الثانيـة هـي سماء وسيطة بـين السماء التي يسكن
فيها الله، وبين السماء التي نستطيع رؤيتها من الأرض.

كمـا أعتقد أن هذه السماء الوسيطة تَضُمُّ مقر الشيطان.
وهـذا يفسـر حالـة المصارعة التي كثيراً ما نجـد أنفسنا
منخرطين فيها وقت الصلاة.

لا نـدرك أحياناً صعوبة اختراق ذلـك الحاجز للوصول
إلى الله. نصلـي أحيانـاً صـلاة في مشيئـة الله، ونؤمـن أن
الله سمعنـا، لكن الإستجابة تتوانـى. ويمكن أن يكون لهذه
الحالـة أكثر مـن تفسير واحد. لكن عندما يعانـي من هذه
المشكلـة مؤمنون مخلصـون ومكرسون، فالسبـب الوحيد
لذلـك هو أننا في حرب، فمقر مملكة الشيطان هو في موقع
متوسط بين السماء المرئيـة وبين السماء التي يسكن فيها
الله.

الفصل الثالث

معركة الملائكة

نجد في سفر دانيال مثالاً محدداً من الحرب الروحية، ويُلقي هذا المثال مزيداً من الضوء على قضية مقر مملكة الشيطان. يصف السِّفر معركة خاضتها الملائكة، فقد كرس دانيال نفسه للصلاة ولطلب الله من أجل إعلان يخص شعبه القديم. وكان ذلك التكريس وتلك الصلاة المكثفة على مدار ثلاثة أسابيع من الانتظار. وفي نهاية الأسابيع الثلاثة، جاء ملاك من السماء يحمل استجابة صلاة دانيال. كان الملاك مجيداً جداً وجباراً حتى أنَّ رفاق دانيال ارتعدوا ارتعاداً عظيماً وهربوا، فبقي دانيال وحده لكي يسمع الإعلان الإلهي. اقرأ ما يلي من (دانيال ١٠: ٢-٦):

«فِي تِلْكَ الأَيَّامِ أَنَا دَانِيآلَ كُنْتُ نَائِحاً ثَلاَثَةَ أَسَابِيعِ أَيَّامٍ، لَمْ آكُلْ طَعَاماً شَهِيّاً وَلَمْ يَدْخُلْ فِي فَمِي لَحْمٌ وَلاَ

خَمْرٌ، وَلَمْ أَدَّهِنْ حَتَّى تَمَّتْ ثَلاَثَةُ أَسَابِيعِ أَيَّامٍ. وَفِي الْيَوْمِ الرَّابِعِ وَالْعِشْرِينَ مِنَ الشَّهْرِ الأَوَّلِ إِذْ كُنْتُ عَلَى جَانِبِ النَّهْرِ الْعَظِيمِ (هُوَ دِجْلَةُ) رَفَعْتُ وَنَظَرْتُ فَإِذَا بِرَجُلٍ لاَبِسٍ كَتَّاناً، وَحَقَوَاهُ مُتَنَطِّقَانِ بِذَهَبِ أُوفَازَ، وَجِسْمُهُ كَالزَّبَرْجَدِ، وَوَجْهُهُ كَمَنْظَرِ الْبَرْقِ، وَعَيْنَاهُ كَمِصْبَاحَيْ نَارٍ، وَذِرَاعَاهُ وَرِجْلاَهُ كَعَيْنِ النُّحَاسِ الْمَصْقُولِ، وَصَوْتُ كَلاَمِهِ كَصَوْتِ جُمْهُورٍ.»

وكما ذكرت سابقاً، لم يحتمل زفاق دانيال هذا الظهور المجيد فهربوا، ثم بدأ الملاك بمخاطبة دانيال. ومن مجمل حديث الملاك، أركز على كلماته الواردة في (دانيال ١٠: ١٢-١٣):

«**فَقَالَ لِي: «لاَ تَخَفْ يَا دَانِيآلُ، لأَنَّهُ مِنَ الْيَوْمِ الأَوَّلِ الَّذِي فِيهِ جَعَلْتَ قَلْبَكَ لِلْفَهْمِ وَلإِذْلاَلِ نَفْسِكَ قُدَّامَ إِلهِكَ سُمِعَ كَلاَمُكَ، وَأَنَا أَتَيْتُ لأَجْلِ كَلاَمِكَ.»** (ع ١٢).

من المهم أن نعرف أن صلاة دانيال كانت قد سُمعت منذ اليوم الأول، وأن الله أرسل الملاك بالاستجابة. إلا أن الملاك لم يصل إلى الأرض إلا بعد واحد وعشرين يوماً، فما

الذي أخَّره في رحلته تلك؟ لقد وقف ملاك الشيطان مقابله. كان على الملاك - أثناء رحلته من سماء الله إلى الأرض - أن يجتاز مملكة الشيطان الكائنة في «السماويات». وهناك واجهته بعض الملائكة الأشرار، وحاولت منعه من اختراق ذلك الحاجز والوصول إلى دانيال بالرسالة الإلهية. يقول النص في (ع ١٣):

« **وَرَئِيسُ مَمْلَكَةِ فَارِسَ وَقَفَ مُقَابِلِي وَاحِداً وَعِشْرِينَ يَوْماً** [لقد تعطلت رحلة الملاك واحداً وعشرين يوماً بسبب المقاومة التي تعرّض لها في السماء الثانية]، **وَهُوَذَا مِيخَائِيلُ وَاحِدٌ مِنَ الرُّؤَسَاءِ الأَوَّلِينَ جَاءَ لإِعَانَتِي، وَأَنَا أُبْقِيتُ هُنَاكَ عِنْدَ مُلُوكِ فَارِسَ.** »

حدث ذلك كله في نطاق السموات. ويُدعى قائد ملائكة الشيطان هنا «رئيس مملكة فارس»؛ إنه الحاكم الأعلى لفارس. ويبدو أن «ملوكاً» أو «ملائكة أدنى مرتبة» كانت تحت إمرته. أما من جانب الله فقد جاء ميخائيل - واحد من أعظم الملائكة وأقواها - لكي يساعد الملاك الأول حامل الرسالة. ونقرأ عن ميخائيل في (دانيال ١٢: ١) ما يلي:

«**وَفي ذَلِكَ الْوَقْتِ يَقُومُ مِيخَائِيلُ الرَّئِيسُ الْعَظِيمُ الْقَائِمُ لِبَنِي شَعْبِكَ،...**»

أما العبارة «الرئيس العظيم» فيمكن ترجمتها إلى العبارة «الملاك الرئيس»، وهو القائم على حراسة شعب دانيال، أبناء يعقوب، لقد أقامه **الله** بطريقة خاصة ليكون مسئولاً عن الاهتمام بشئون شعبه القديم وحمايتهم.

ولأن هذا الإعلان الذي حمله الملاك كان يرتكز حول مستقبل الشعب، كان وصول الملاك إلى دانيال أمراً ضرورياً بالنسبة إلى الشعب. لذلك، عندما أُعيق الملاك عن الوصول، جاء ميخائيل - الملاك الرئيس - لمساعدته، فحاربا ملائكة الشيطان طوال واحد وعشرين يوماً.

كان على رأس الملائكة الشيطانية حاكم أعلى يُدعى رئيس مملكة فارس، وتحت إمرته ملوك وحكام وذوي رتب وصلاحيات مختلفة. ربما كان هناك ملكٌ واحدٌ على كل مدينة رئيسية في الإمبراطورية الفارسية، وواحد على كل جماعة من أصل عرقي معين، وربما واحد على كل دين أو بدعة وثنية في الإمبراطورية. إنها صورة لمملكة على

درجة دقيقة جداً مـن التنظيم؛ فيها مستويات متعددة من النفـوذ والسلطان، ومقرها في السماويـات. ثم أنها مملكة متمردين؛ مملكة كائنات روحية ساقطة.

ويتحدث المـلاك عـن تلك المعركة مجدداً في (دانيـال ١٠: ٢٠) فيقول لدانيال:

«...«هَلْ عَرَفْتَ لِمَاذَا جِئْـتُ إِلَيْكَ؟ فَالآنَ أَرْجِعُ وَأُحَارِبُ رَئِيسَ فَارِسَ...»

هـذا يعنـي أن المعركة ضـد رئيس فارس لم تنتـه بعد، فإذا انتهت المعركة، بدأت أخرى، إذ يتابع الملاك في العدد السابق قائلاً:

«... فَإِذَا خَرَجْتُ هُوَذَا رَئِيسُ الْيُونَانِ يَأْتِي.» فإذا مـا تم الانتصـار على رئيس مملكة فارس، قامت مملكة اليونان بعدهـا وقـام المـلاك الشريـر الخاص بهـا (وهـو رئيس اليونان).

وفي (ع ٢١) يقول الملاك:

«... وَلاَ أَحَـدٌ يَتَمَسَّـكُ مَعِي عَلَى هَـؤُلاَءِ إِلاَّ مِيخَائِيلُ رَئِيسُكُمْ».

مـن هنا نرى ثانية أن الملاك الرئيس ميخائيل مرتبط بصورة مباشرة بحماية شعب الله القديم والاهتمام بمصالحهم. كما نرى أن توحيد القوى (قوة الملاك وقوة ميخائيل) كان ضرورياً للتغلب على الملائكة الحاكمة في مملكة الشيطان، والتي كانت تقاوم تحقيق مقاصد الله من جهة شعبه.

ربمـا تتساءل عن الإشارة إلى فارس واليونان. أذكِّرُك ـ عزيـزي القـارئ ـ بـأن القدس وشعب الله القديم وقعوا تحت سيادة أربع إمبراطوريات أممية رئيسة منذ القرن الخامس قبل الميلاد وصاعداً، وهي بابل وفارس واليونان وأخـيراً الإمبراطورية الرومانية (هنـاك أهمية خاصة لفارس واليونـان في أيـام دانيال لاعتبارهمـا من أعظم الإمبراطوريات).

نرى من هذه المقاطع التي قرأناها من دانيال أن محور المعركة كان هو شعب الله ومقاصد الله. وأعتقد أن هذا مازال صحيحاً اليـوم، فحيثما يقطن شعب الله وتتحقق مقاصد الله، هناك تصل المعركة الروحية إلى أوج احتدامها.

وتقـف تأثـيرات دانيـال شاهـداً مذهـلاً علـى فاعلية الصـلاة، عندما بدأ دانيال بالصـلاة على الأرض، تحركت السمـاء، وتدافعت ملائكة الله وملائكة الشيطان معاً في آن واحد.

كمـا يثيرني أيضاً حقيقة احتياج ملائكة الله ـ كمـا يبدو ـ إلى مسـاعـدة صلـوات دانيـال، لكـي تتمكـن مـن اختراق الحاجز وتحقيق الإرسالية الإلهية. ومن شأن هذه الحقيقة أن تمدنـا ببصيرة هـائلة، ننفذ من خلالها إلى أعماق تأثير الصلاة وفعاليتها المذهلة.

الفصل الرابع

الأسلحة وساحة المعركة

ننظر الآن في ناحيتين مترابطتين تتعلقان بالحروب الروحية:

أولا : الأسلحة التي ينبغي أن نستخدمها.

ثانياً: ساحة المعركة التي نحارب فيها.

ونجد كشفاً عن هاتين الناحيتين في تعليم بولس:

«**لأَنَّنَا وَإِنْ كُنَّا نَسْلُكُ فِي الْجَسَدِ، لَسْنَا حَسَبَ الْجَسَدِ نُحَارِبُ، إِذْ أَسْلِحَةُ مُحَارَبَتِنَا لَيْسَتْ جَسَدِيَّةً**،...» (٢كورنثوس ١٠: ٣ ـ ٤).

لاحظ أن بولس يقول إننا نعيش في الجسد، وإننا نخوض حرباً، إلا أن هذه الحرب ليست في نطاق العالم الجسدي المادي. لذلك، فإن الأسلحة التي نستخدمها ليست جسدية أو مادية كالدبابات والقنابل والرصاص. ذلك

أن الحــرب روحية، وتدور رحاها علـى ساحة روحية، مما يتطلب أسلحة روحية أيضاً.

«**إِذْ أَسْلِحَةُ مُحَارَبَتِنَا لَيْسَــتْ جَسَدِيَّةً، بَلْ قَادِرَةٌ بِاللَّهِ عَلَى هَدْمِ حُصُــونٍ. هَادِمِينَ ظُنُوناً وَكُلَّ عُلْــوٍ يَرْتَفِعُ ضِدَّ مَعْرِفَــةِ اللهِ، وَمُسْتَأْسِرِيــنَ كُلَّ فِكْرٍ إِلَى طَاعَــةِ الْمَسِيحِ**». (٢كورنثوس ١٠: ٤ـ ٥).

فالمعركة في نطاق روحي، والأسلحة المناسبة لخوضها هي روحية بالضرورة. وستكون هذه الأسلحة هي موضوع دراستنا الرئيسـي في الجزئين الثالث والرابع من الكتاب : «أسلحة الدفاع» و«أسلحة الهجوم».

مــن الضروري أن نعرف أين تدور المعركة. وفي شرحه لأهداف المعركة وموقعها، يستخدم بولس عدة كلمات هي : «ظنون» أو «نظريات» (الترجمة التفسيرية والكاثوليكية)؛ «معرفة»؛ «فكر» أو «ذهن» (الترجمة الكاثوليكية).

لاحـظ أن هــذه الكلمــات جميعها تتعلـق بمجال محدد واحد هو مجال الذهن. من المحتم علينا أن ندرك أن الذهن هو ساحة هذه المعركة.

يشــن الشيطان حربــاً شاملة بهدف أســر أذهـان البشر؛

إنه يبني حصوناً في الأذهـان. ومسئوليتنا ـ كممثلين لله ـ هـي أن نسـتخـدم أسلحتنا الروحية لتحرير أذهان الناس، مستأسريـن كل فكـر إلى طاعة المسيـح، فيالها من مهمة مذهلة!.

يعمـل الشيطان عـلـى بنـاء الحصون في أذهـان البشر باستمـرار. وتقاوم هذه الحصون حـق الإنجيل وحق كلمة الله، وتمنع الناس من قبول رسالة الإنجيل.

مـا هـي الحصون التي يشير إليهـا الكتـاب المقدس؟ أقترح عبارتين تصفان نوعية الحصون في أذهان الناس: الأحـكـام المسبقـة، والمفاهيـم المُسبقة. فالحكم المُسبق يتضمن أن ترفض مـا ليس لك فيه رأي؛ فما لا تعرفه خطأ بالتأكيـد، ومـا لم تفكر بـه أنت أولاً مرفوض وخطر. فإن كان هـذا الأسلوب وارداً عنـد جماعـة من الناس، فإنما هو وارد عنـد المتدينين؛ فكل مـا لم يسمعه المتدينون، ينظرون إليه بمنظار الخوف والشك الشديدين.

ومـن الأمثلة الأخرى عـلى الأحكام المسبقة مـا تتضمنه هذه العبـارة السـاخرة: «لا تربكنـي بالحقائق، فلقد قررت وانتهـى الأمـر!» فعندمـا يقرر إنسـان شيئاً مـا مسبقاً، لا

يمكـن لأي قـدرٍ من الحقائـق والدلائـل والمنطـق أن تغير فكره؛ لا يمكن إلا للأسلحة الروحية أن تهدم تلك الحصون. وينساق الناس وراء المفاهيم والأحكام المُسبقة، مما يقود في الأغلب إلى دمارهم.

فيما يلي مثال من الواقع كان له وقع خاص عليَّ، ربما لأنني من خلفية إنجليزية:

لقـد حـارب الإنجليـز ضد الأمريكان في حرب الثورة الأمريكيـة، وكان المفهـوم الإنجليزي عـن الحرب يتضمن اللبـاس العسكري الملـون، والمسير العسكري المنظم إلى المعركـة علـى إيقـاع الطبـول. بينمـا كان قنَّاصـو الثورة يختبئـون في الأشجار والمستنقعـات، ويصطادون الجنود الإنجليـز بسهولـة ومن دون أن يراهم أحـد. وقد نعتبر هذا انتحاراً عسكرياً بمعايير اليوم، لكن الإنجليز في ذلك الوقت لم يكونـوا ليستوعبـوا القتال بطريقةٍ غـير التي يعرفونها. كان هـذا حصنـاً مـن المفاهيم المُسبقة، وقـد تسبب بمقتل آلاف الجنـود الإنجليز. هذا مثال عن كيفيـة انحدار الناس نحو دمارهم بسبب أحكامهم الذهنية المُسبقة.

هنـاك أمثلة أخرى علـى الأحكام المُسبقة التي تستحوذ

علـى أذهـان النـاس، منهـا: البدع الدينيـة، الأيديولوجيات السياسيـة، والتحيزات العرقية. ونجد لهذه الحصون مكاناً بين المؤمنين أنفسهم.

كنـت أعـظ قبل مدة في جنـوب أفريقيا، وقـد طُلب مني أن أتحـدث في موضـوع الرياسـات الشيطانيـة والحـرب الروحيـة. وبينما كنت أتـأمل في هــذا الموضوع، كشف لي الـرب عن هوية الروح الشرير المهيمن على جنوب أفريقيا، إنه التعصب، والمتعصب هو «الإنسان الذي يتمسك بوجهة نظـر معينة أو عقيدةٍ مـا بصـرف النظر عن المنطق. ويولي تلـك العقيـدة، أو ذلك الـرأي، أهمية كبيرة وثقـلاً يتنـاسب معــه.» وكثيراً مـا يكون التعصب حصنـاً يبنيه الشيطـان في أذهـان النـاس.

بعـد عظتي تلـك، جاء أحد الخـدام المولودين في جنوب أفريقيـا، والـذي يعرف البلد جيـداً، وقـال لي: «هــذا أفضل وصـف لمشكلـة جنـوب أفريقيـا، لقـد أفسدهـا التعصـب وشوهـها، سواء كـان ذلك دينيـاً أو عرقيـاً أو طـائفيـاً.»

ويتصف أفراد الشعب في جنوب أفريقيا بروح الابتهـاج والسرور بشكل مميز، إلا أنهم مـأسورون في حصن التعصب

ـ ولا أقصد أن الناس في جنوب أفريقيا مختلفون عن باقي الناس، لكنهم يعانون من حصن ذي نوع وطابع خاص بهم. نقرأ في (٢كورنثوس ٤: ٤):

«... إِلَهُ هَذَا الدَّهْرِ قَدْ أَعْمَى أَذْهَانَ غَيْرِ الْمُؤْمِنِينَ، لِئَلاَّ تُضِيءَ لَهُمْ إِنَارَةُ إِنْجِيلِ مَجْدِ الْمَسِيحِ، الَّذِي هُوَ صُورَةُ اللهِ. »

الحصن هو ما يؤدي إلى عمى ذهن الإنسان، لئلا يشرق نور الإنجيل في قلبه. وعندما يكون الإنسان في هذه الحالة، من العبث بل من الخطورة أن تلجأ معه إلى الجدال. فكلما جادلته أكثر، كلما ازداد تمسكاً بأخطائه أما الطريقة الوحيدة لتحرير مثل ذلك الإنسان، فهي استخدام أسلحتنا الروحية لهدم الحصون في ذهنه.

الفصل الخامس

أســاس انتصارنــا

سأشرح الآن حقيقة فريدة بالغة الأهمية ينبغي أن نعرفها جميعاً لكي نضمن انتصارنا في حربنا الروحية، في (كولوسي ٢: ١٣ - ١٥)، يصف بولس ما عمله الله لنا كمؤمنين من خلال موت المسيح على الصليب من أجلنا:

« وَإِذْ كُنْتُمْ أَمْوَاتاً فِي الْخَطَايَا وَغَلَفِ جَسَدِكُمْ، أَحْيَاكُمْ مَعَهُ، مُسَامِحاً لَكُمْ بِجَمِيعِ الْخَطَايَا، إِذْ مَحَا الصَّكَّ الَّذِي عَلَيْنَا فِي الْفَرَائِضِ، الَّذِي كَانَ ضِدّاً لَنَا، وَقَدْ رَفَعَهُ مِنَ الْوَسَطِ مُسَمِّراً إِيَّاهُ بِالصَّلِيبِ، إِذْ جَرَّدَ الرِّيَاسَاتِ وَالسَّلاَطِينِ أَشْهَرَهُمْ جِهَاراً، ظَافِراً بِهِمْ فِيهِ. »

دعني أنبهك أولاً إلى أن الشيطان في غاية التصميم على منعك من إدراك هذه الحقيقة؛ إنه يريد أن يمنع كل المؤمنين من فهمها، لأنها مفتاح هزيمته. والحقيقة المهمة العظمى

هـي ما يلي: هزم المسيـح الشيطان بـالفعل؛ هزمه هو وكل قواته الشريرة، ونزع سلطانه كلياً وإلى الأبد. فإذا لم تتذكر شيئاً آخر، تذكر أن المسيح هزم الشيطان بـالفعل. وقد حقق ذلك المسيح بموته وبدمه المسفوك وبقيامته الظافرة.

ولكـي نفهـم كيف تحقق ذلـك، ينبغي أن نعـرف سلاح الشيطـان الأساسـي ضدنـا، وهـو سـلاح الذنـب. نقرأ في (رؤيا ١٢: ١٠) ما يلي:

«**وَسَمِعْتُ صَوْتـاً عَظِيماً قَائِلاً فِي السَّمَاءِ: «الآنَ صَارَ خَلاَصُ إِلَهِنَا وَقُدْرَتُهُ وَمُلْكُهُ وَسُلْطَانُ مَسِيحِهِ، لأَنَّهُ قَدْ طُرِحَ الْمُشْتَكِي عَلَى إِخْوَتِنَا الَّذِي كَانَ يَشْتَكِي عَلَيْهِمْ أَمَامَ إِلَهِنَا نَهَاراً وَلَيْلاً.**»

مـن هو «المشتكي على الإخوة؟» نعلم أنه الشيطان. لقد بينت سابقاً قدرة الشيطان على دخول محضر **الله**، وأشرت إلى أن عملـه الأساسي هـو أن يشتكي علينا نحن المؤمنين في يسوع.

لمـاذا يشتكـي الشيطـان علينـا؟ مـا هو هدفـه؟ يمكن تلخيص الإجابة في عبارة بسيطة واحدة:

لكـي يقودنــا إلى الشعـور بالذنب. فمـا مـن طريق إلى
هزيمــة الشيطــان، مادام قــادراً على بعث الشعـور بالذنب
فينــا. الشعـور بالذنب هو مفتـاح هزيمتنا، والبر مفتـاح
الانتصار.

لقد تعامل الله ـ على الصليب ـ مع مشكلة الشعور بالذنب
ببعديهــا فـي الماضـي والمستقبل. وقد وفـر الله علاجاً
كامـلاً يشمل هذين البعدين. كيف تعامل الله مع الماضي؟
نقرأ من (كولوسي ٢: ١٣):

«... مُسَامِحاً لَكُمْ بِجَمِيعِ الْخَطَايَا».

لقـد صـار ممكنـاً لنـا الآن أن ننـال غفـران الله لجميع
خطايـنا السالفـة، إذ أن مـوت المسيح كان كافيـاً لتتميم
عدالتـه. نعم، مـات يسوع المسيح لأجلنـا وناب عنا؛ حمل
ذنوبنا ودفع أجرة خطايانا، فصار ممكناً لله أن يغفر كل ما
اقترفنـاه من خطايا من دون أن يتعارض ذلك مـع عدالتـه،
فأول مـا ينبغي أن نفهمه هو أن خطايانا السالفة جميعها
قد غُفرت بغض النظر عن كثرتها ومقدار خطورتها، وقد تم
ذلـك عندمـا وضعنـا إيماننا في المسيـح. ثم إن الله قد وفر
علاجـاً للمستقبل أيضاً، كمـا نرى في (كولوسي ٢: ١٤):

«إِذْ مَحَا الصَّكَّ الَّذِي عَلَيْنَا فِي الْفَرَائِضِ، الَّذِي كَانَ ضِدّاً لَنَا، وَقَدْ رَفَعَهُ مِنَ الْوَسَطِ مُسَمِّراً إِيَّاهُ بِالصَّلِيبِ».

أما «الصك» أو «القانون المكتوب» فهو ناموس موسى. لقد أبطل يسوع ناموس موسى على الصليب؛ أبطله من جهة كونه مَطْلباً من متطلبات نوال البر. فلو أن ناموس موسى ما يزال مطلباً من متطلبات نوال البر، لكنا معرضين دائماً لأن نكون مذنبين أمام **الله**، حتى لو كسرنا أصغر الوصايا. لكن، وبعدما انزاح الناموس من طريقنا كمطلب للبر، وفر لنا **الله** المجال لكي نحيا أحراراً من الذنوب ومن الشعور بالذنب، ذلك أن إيماننا حُسب لنا براً.

نقرأ فيما بعد مقطعين مترابطين من العهد الجديد، أما الأول فهو (رومية ١٠: ٤):

«لأَنَّ غَايَةَ* النَّامُوسِ هِيَ: الْمَسِيحُ لِلْبِرِّ لِكُلِّ مَنْ يُؤْمِنُ.»

---

* غاية: تأتي الكلمة «غاية» بمعنيين، «هدف» و «نهاية» والمعنى الأخير هو الذي يشير إليه المؤلف هنا. لمزيد من التوضيح، راجع آخر الفصل الخامس عشر من كتاب (أسس الإيمان ـ دليل المؤمن الممتلئ بالروح).

هـذا تصريـح مـهـم جـداً. فالمسيح ليس هـو «نهاية» الناموس من حيث أنه جزء من كلمة الله،

أو جزءٌ من تاريخ إسرائيل، لكنه (نهاية) الناموس من حيث كونه مطلباً من متطلبات تحقيق البرِّ. فلا فرق بين يهودي وأمـمـي، كاثوليكـي وبروتستانتي؛ جميعنـا غير مطالبين بحفظ الناموس لنوال البرِّ.

أما المقطع الآخر فهو (٢كورنثوس ٥: ٢١):

«أَنَّهُ جَعَلَ الَّذِي لَمْ يَعْرِفْ خَطِيَّةً، خَطِيَّةً لأَجْلِنَا، لِنَصِيرَ نَحْنُ بِرَّ اللهِ فِيهِ.»

أما المقطع الآخر فهو (٢كورنثوس ٥: ٢١):

«أَنَّهُ جَعَلَ الَّذِي لَمْ يَعْرِفْ خَطِيَّةً، خَطِيَّةً لأَجْلِنَا، لِنَصِيرَ نَحْنُ بِرَّ اللهِ فِيهِ.»

هذه هي المبادلة الإلهية: صار المسيح خطية بخطيتنا، لنصـير نحن أبراراً بـبره. فإن تمسكنا بهذه الحقيقة (أننا أبرار ببر المسيح)، لا يعود إبليس قادراً على ربطنا بالشعور بالذنب فيمـا بعد. وهكـذا يتجـرد الشيطان مـن سلاحه

الرئيس. نعم، جرد يسوع بموته الرياسات والسلاطين الروحية؛ لقد نزع سلاحها الأساسي ضدنا.

والآن أريد أن أُبين لك كيف يتحقق انتصار المسيح من خلالنا. لقد سبق لنا ورأينا التصريح بانتصار المسيح في (كولوسي ٢: ١٥): « **إِذْ جَرَّدَ الرِّيَاسَاتِ وَالسَّلاَطِينَ أَشْهَرَهُمْ جِهَاراً، ظَافِراً بِهِمْ فِيهِ.** » ﴿وتلقى الترجمة التالية مزيداً من الضوء على الصورة التي تتضمنها هذه الكلمات: «وجرد الرياسات والسلاطين، وشهرهم إذ سيرهم في موكبه» (ترجمة فاخوري البولسي)﴾.

فالظفر هنا ليس هو أن يسوع قد كسب المعركة لنفسه، بل هو احتفال وإظهار للنصر. فبموته على الصليب، أظهر يسوع للكون كله أنه انتصر على مملكة الشيطان. لكن يسوع لم يكسب هذا الانتصار لنفسه، لأنه لا يحتاج إليه. فخطة الله تتضمن أن يُعلن هذا الانتصار وأن يظهر من خلالنا نحن. في (٢كورنثوس ٢: ١٤) (وهو من أحب الأعداد الكتابية إليَّ) يقول بولس:

« **وَلَكِنْ شُكْراً للهِ الَّذِي يَقُودُنَا فِي مَوْكِبِ نُصْرَتِهِ فِي**

الْمَسِيحِ كُلَّ حِينٍ، وَيُظْهِرُ بِنَا رَائِحَةَ مَعْرِفَتِهِ فِي كُلِّ مَكَانٍ.»

ولا عجب في أن يقول بولس: « **شُكْراً لِلَّهِ**». فلا يمكنك إلا أن تشكر **الله** لو أدركت الرسالة التي تتضمنها كلمات (٢كورنثوس ٢: ١٤). إنها تعني أن **الله** يسمح لنا باستمرار أن نشترك في غلبة المسيح على مملكة الشيطان. وأمامنا هنا عبارتان شاملتان: « **كُلَّ حِينٍ** »، و « **فِي كُلِّ مَكَانٍ.** »؛ فليس هناك زمانٌ أو مكان لا نستطيع فيه أن نشترك مع المسيح فعلياً غلبته على مملكة الشيطان.

والآن إلى (متى ٢٨: ١٨ ـ ٢٠) حيث يعلن المسيح قائلاً:

«فَتَقَدَّمَ يَسُوعُ وَكَلَّمَهُمْ قَائِلاً: «دُفِعَ إِلَيَّ كُلُّ سُلْطَانٍ فِي السَّمَاءِ وَعَلَى الأَرْضِ، فَاذْهَبُوا وَتَلْمِذُوا جَمِيعَ الأُمَمِ، وَعَمِّدُوهُمْ بِاسْمِ الآبِ وَالابْنِ وَالرُّوحِ الْقُدُسِ. وَعَلِّمُوهُمْ أَنْ يَحْفَظُوا جَمِيعَ مَا أَوْصَيْتُكُمْ بِهِ. وَهَا أَنَا مَعَكُمْ كُلَّ الأَيَّامِ إِلَى انْقِضَاءِ الدَّهْرِ».

يقول يسوع إنه انتزع السلطان من الشيطان بموته على الصليب، وقد دفع إليه الآب كل سلطان في السماء وعلى الأرض. ثم يقول: «**فَاذْهَبُوا وَتَلْمِذُوا جَمِيعَ الأُمَمِ...**».

ما هي دلالة حرف الفاء في الكلمة «فاذهبوا»؟ يقول يسوع: «لقد كسبت أنا السلطان، فاذهبوا واستخدموه؛ اذهبوا وأظهروا انتصاري هذا للعالم كله، وذلك بأن تتمموا إرساليتي.»

أود الآن أن أوضح ثلاث حقائق بخصوص انتصار يسوع:

أولاً: هزم يسوع الشيطان عندما جربه في البرية؛ هزمه بالنيابة عن نفسه، إذ واجهه وقاوم تجربته وغلبه.

ثانياً: هزم يسوع الشيطان على الصليب بالنيابة عنا، لا من أجله هو؛ لم يكن هو محتاجاً إلى ذلك الانتصار لأنه كان منتصراً أصلاً، لكنه انتصر بالنيابة عنا وهزم عدونا، لقد جرده من السلاح والسلطان، وشهر به في موكب انتصار علني، وكل هذا من أجلنا.

ثالثـاً: مسئوليتنـا الآن هـي تفعيـل انتصـار المسيـح وإظهاره.

«وَلَكِـنْ شُكْراً لِلَّهِ الَّـذِي يَقُودُنَا فِي مَوْكِبِ نُصْرَتِهِ فِي الْمَسِيحِ كُلَّ حِينٍ، وَيُظْهِرُ بِنَا رَائِحَةَ مَعْرِفَتِهِ فِي كُلِّ مَكَانٍ.» (٢كورنثوس ٢: ١٤).

تذكـر، لقـد جعـل المسيـح الانتصـار فـي متناولنا «كل حين» و «في كل مكان».

الجـزء الثـاني

أسلـحــة الدفـــاع

الفصل السادس

سلاح اللّه الكامل

كنت قد بينت سابقاً أننا - كممثلين لملكوت **الله** - نجد أنفسنا منخرطين في حرب شاملة ضد مملكة الشيطان المنظمة، وهي مملكة تتكون من كائنات روحية شريرة بلا أجساد مقرها في السماء الثانية.

أما ساحة هذه المعركة فهي الذهن البشري؛ حيث يبني الشيطان حصون الشك والأحكام المُسبقة لكي يمنع الإنسان من قبول حق الإنجيل. وقد أوكل **الله** إلينا مهمة تحطيم وهدم هذه الحصون الذهنية، وهذا يتضمن تحرير الناس من خداع الشيطان، وقيادتهم - بعد ذلك - إلى طاعة المسيح والخضوع له. لكن قدرتنا على إنجاز هذه المهمة تتوقف على عاملين أساسيين:

أولاً: أن ندرك الحقيقة التي تعلنها كلمة **الله**، وهي أن يسوع غلب الشيطان على الصليب نيابة عنا. إن مسئوليتنا

الآن هـــي أن نُفعِّـل ذلك الانتصـــار الذي حققــه يسوع وأن نظهره.

ثانياً: أن نستخدم الأسلحة الروحيــة الضرورية والتي وفرهـا لنـا الله. وتنحصر هذه الأسلحة الروحية في قـائمتين رئيستين: أسلحــة الدفـاع، وأسلحـة الهجوم. نتحدث في هذا الجزء من الكتـاب عن القـائمة الأولى (أسلحـة الدفـاع).

ونعتمد في دراستنـا هذه على (أفسس ٦: ١٠ ـ ١٧):

«أَخِيراً يَا إِخْوَتِي تَقَوُّوا فِي الرَّبِّ وَفِي شِدَّةِ قُوَّتِهِ. الْبَسُوا سِلاَحَ اللهِ الْكَامِلَ لِكَيْ تَقْدِرُوا أَنْ تَثْبُتُوا ضِدَّ مَكَايِدِ إِبْلِيسَ. فَإِنَّ مُصَارَعَتَنَا لَيْسَــتْ مَعَ دَمٍ وَلَحْمٍ، بَلْ مَعَ الرُّؤَسَاءِ، مَعَ السَّلاَطِينِ، مَعَ وُلاَةِ الْعَالَمِ، عَلَى ظُلْمَةِ هَذَا الدَّهْرِ، مَعَ أَجْنَادِ الشَّــرِّ الرُّوحِيَّةِ فِي السَّمَاوِيَّاتِ. مِنْ أَجْلِ ذَلِكَ احْمِلُوا سِلاَحَ اللهِ الْكَامِلَ لِكَيْ تَقْدِرُوا أَنْ تُقَاوِمُوا فِي الْيَوْمِ الشِّرِّيرِ، وَبَعْدَ أَنْ تُتَمِّمُوا كُلَّ شَــيْءٍ أَنْ تَثْبُتُوا. فَاثْبُتُوا مُمَنْطِقِينَ أَحْقَاءَكُمْ بِالْحَقِّ، وَلاَبِســينَ دِرْعَ الْبِرِّ، وَحَاذِينَ أَرْجُلَكُــمْ بِاسْتِعْدَادِ إِنْجِيــلِ السَّلاَمِ. حَامِلِينَ فَوْقَ الْــكُلِّ تُرْسَ الإِيمَانِ، الَّذِي بِهِ تَقْدِرُونَ أَنْ تُطْفِئُوا جَمِيعَ سِهَــامِ الشِّرِّيرِ الْمُلْتَهِبَةِ. وَخُذُوا خُوذَةَ الْخَلاَصِ، وَسَيْفَ الرُّوحِ الَّذِي هُوَ كَلِمَةُ اللهِ.»

في (ع١٣) مـن هذا النص يقول بولسـ: « **مِنْ أَجْلِ ذَلِكَ احْمِلُوا سِلاَحَ اللهِ الْكَامِلَ...** » فنحن مدعوون إلى حمل سلاح الله الكامل. وعندما نقرأ في الكتاب المقدس عبارة مثل « **مِنْ أَجْلِ ذَلِكَ...** » ، ينبغي أن نعرف ما هو « **ذَلِكَ** » الذي يتحدث عنه. و« **ذَلِكَ** » في هذا النص تعود على (ع١٢) حيث يقول بولس: « ... **مُصَارَعَتَنَا لَيْسَتْ مَـعَ دَمٍ وَلَحْمٍ، بَلْ مَعَ الرُّؤَسَاءِ، مَعَ السَّلاَطِينِ، مَعَ وُلاَةِ الْعَالَمِ، عَلَى ظُلْمَةِ هَذَا الدَّهْرِ، مَعَ أَجْنَادِ الشَّرِّ الرُّوحِيَّةِ فِي السَّمَاوِيَّاتِ.** » فلأننا منخرطون في هذا الصراع الحاسم مع قوى الشر الروحية في مملكة الشيطان، فمن واجبنا أن نلبس سلاح **الله** الكامل، وهذا ما تطالبنا به كلمـة **الله**. ومن المثير للانتبـاه أن يكرر بولس هذه الدعوة مرتـين في فقرة واحـدة، فيقول في كل مـن العددين (١١، ١٣): « **الْبَسُوا (أو احملوا) سِلاَحَ اللهِ الْكَامِلَ** ». من الواضح والمؤكد أن كلمـة **الله** تحثنا علـى حماية أنفسنـا بواسطة سلاح **الله** الكامل.

ويقـدم بولس في (ع١٣) سبباً آخر لحمل سلاح **الله**: « ... **لِكَـيْ تَقْدِرُوا أَنْ تُقَاوِمُوا فِي الْيَوْمِ الشِّرِّيرِ، وَبَعْدَ أَنْ تُتَمِّمُوا كُلَّ شَـيْءٍ أَنْ تَثْبُتُوا.** » لاحـظ عبارة «اليـوم الشرير». ولا

أعتقـد أن في هذا إشـارة إلى الضيقة العظيمـة أو إلى نبوة بكارثـة آتية علـى العالم (مـع أنني أعتقـد بإمكانية وقوع بعض الكوارث). لكنني أرى أن المقصود بـ «اليوم الشرير» هـو تجربـة سيواجهها كل مؤمـن. إنه وقتٌ ينبغي فيه أن نواجه قوات الشر، وقتٌ يُمتحن فيه إيمان كل واحد، وتطلق ضده كل أشكال وأنواع المعارضات.

لا يشكك بولس في حقيقة حاجتنا إلى مواجهة اليوم الشريـر، فليـس هنـاك خيـار في ذلـك ، بل هو أمـرٌ محتم. وكثيراً مـا أفكر بمَثَل يسوع الذي يصف فيه رجلين: الجاهل بني بيته على الرمل، والعاقل بني بيته على الصخر، فسقط بيـت الجاهل وثبُتَ بيت العاقل. ولم يكن الفرق يكمن في الصعوبـات التـي تعرض لها البيتان، فكلاهما تعرض إلى الامتحـان نفسـه: الرياح والمطر والعواصف والأمطار. لكن الفرق كان يكمن في الأساس، انظر (متى ٧: ٢٤ ـ ٢٧).

لا تشير كلمة الله من بعيدٍ أو قريب إلى أننا لن نتعرض إلى الامتحـان؛ لابد أن نواجه «اليوم الشرير». لذلك، ينبغي أن نكـون مستعديـن لاجتيـازه. وعلى ضوء هـذه الحقيقة يقول بولس: «احْمِلُوا سِلاَحَ اللهِ الْكَامِلَ.»

يستعير بولس هذه الصورة من زِي الجيش الروماني الذي عاصره، فيذكر ست قطع من العتاد يلبسها الجندي الروماني عادةً. فيما يلي قائمة بولس:

أولاً: مِنطَقة الحق.

ثانياً: درع البرّ.

ثالثاً: حذاء استعداد الإنجيل.

رابعاً: ترس الإيمان.

خامساً: خوذة الخلاص.

سادساً: سيف الروح.

حين تتأمل في هذه الأسلحة، تدرك أن حَمْلها جميعاً يؤمِّن لك الحماية من أعلى رأسك إلى أخمص قدميك، مع استثناء واحد! فلا حماية لظهرك! وسنغطي هذه النقطة في نهاية هذا الجزء.

الفصل السابع

مِنطقَــة الحــق

أول الأسلحــة هــو مِنطقَة الحق، فلمــاذا يحتاج الجندي الرومــاني إلى المنطقــة كجزء من سلاحه؟ تذكـر، أن ألبسة الرجـال والنســاء في ذلـك الوقـت كانت عبارة عـن أثواب طويلـة مرخيــة تصل إلى الركبتين على الأقـل. أما الجندي الرومــاني فكان يلبس التُنِك (Tunic) وهو رداء طويل يمكن شـده بحزام حول الخصـر، فعندما كان الجنـدي الرومـاني يُكلَّف بمهمة تتطلب النشاط والحركة، كالقتـال أو استخدام السـلاح لأمـرٍ مـا، كان عليــه أن يجد حلاً لردائــه المنسدل. فــإن لم يفعـل، أعاقت أطـرافُ الرداء حركتــه، ومنعته من استخدام سلاحـه بفعـاليـة.

فــأول مـا ينبغــي أن يفعله الجندي هــو أن يشد المِنطقَة حــول خصره بطريقةٍ تمنــع رداءه من الحركة السـائبة، فلا

يعيــق حركته بعد ذلــك. كان هذا إجراءً ضرورياً وأساساً لــكل خطـوة تليه. لذلـك يذكر بولس مِنطَقة الحـق قبل أي شيء آخر.

وكثـيراً مـا يتحدث الكتـاب المقدس عن الرجـل الذي «ينطِّق حقويه»، فما الذي تعنيه هذه العبارة؟

يقول بولس إن الحق هو المِنطَقة بالنسبة إليه، ولا أعتقد أن المقصـود بالحـق هنـا هـو الحقائق اللاهوتيـة، بل هو الحـق في سلوكنا اليومي، وذلك يتضمـن الصدق والأمانة والإخلاص والانفتاح والصراحة.

كثيراً ما نُثقِل كواهلنا بالخجل والرياء بسبب ميلنا إلى التديـن، نقول مـا لا نعني، لكننا نقوله علـى أية حال لأنه يعطي انطباعاً حسنـاً. إننا مملئون بالأكليشيهات (وتعني هنا الصيغ الكلامية الجاهزة) الدينية غير المخلصة. نفعل الكثـير لا لأنه يرضي الله أو لأننـا نريد أن نفعله حقاً، لكن لأنــه يرضي الآخريـن. ولكل جماعة متدينـة أكليشيهاتها الخاصة، كأن تقول: «يسوع سيساعدك يا أخي.» ولا يكون هـذا أحياناً إلا محاولـة للتملص، إذ تكـون الحاجة إلى أن تساعد أنت أخاك لا أن يساعده يسوع.

ويشبه هذا النوع من الكلام الديني رداءً سائباً يعيق حركتنا، ويمنعنا من تحقيق ما يطلبه الله. إنه يعيقنا عن أن نكون مؤمنين نشيطين فعالين كما يعيقنا عن استخدام أسلحتنا الأخرى.

إذاً، نحن مطالبون أول كل شيء أن نلبس مِنطَقة الحق؛ ينبغي أن نتخلص من الخجل والرياء، مترفعين عن الأكليشيهات الدينية وعن الأقوال والأفعال التي لا نعنيها.

وكثيراً ما يكون الحق مؤلماً. ينبغي أن يرى الناس أي نوعٍ من المؤمنين أنت. ربما كنت تختبئ خلف حاجز من التدين كل الوقت، والآن أنت في مواجهة الحاجة الملحة إلى الحق الفعلي والانفتاح والصراحة.

ينبغي أن تضع المِنطَقة وتشدها جيداً حول خصرك، فلا تعود أطراف الرداء، من الخجل والتدين الكاذب متدلية حولك، معيقة إياك عن السير في طريق إرادة الله.

الفصل الثامن

دِرع البــر

الــدرع في اللبـاس العسكـري الرومــاني، يعمـل ـ أولاً وقبـل كل شـيء على حمـاية عضو فـائـق الأهمية في جسم الإنســان، ألا وهــو القلـب. ويشير الكتــاب إلى ما يحظى به القلب من أهمية فائقة في حياتنا كما تؤكد كلمات سليمان في (أمثــال ٤: ٢٣): «**فَــوْقَ كُلِّ تَحَفُّظٍ احْفَظْ قَلْبَكَ لأَنَّ مِنْهُ مَخَارِجَ الْحَيَاةِ.**»

عملـت مُعلماً في كينيــا (في شرق أفريقيــا) مدة خمس سنوات، تعرفت خلالها على عدد من القبـائل وتعلمت شيئاً مـن لغاتهم. ويومــاً مـا، رأيـت على حـائـطٍ في مبنى سكن الطلاب كلمات (أمثال ٤: ٢٣) مكتوبـة بلغـة الماراجـوليا، فترجمتها لنفســي حرفـياً، ولم أنس تلك الترجمة منذ ذلك الحــين. «احرس قلبك بكل قوتــك، لأن كل ما في الحياة من أشياء ينبـع منـه.»

ما في قلبك يحدد في النهاية مسار حياتك بلا شك، خيراً كان ذلك المسار أم شراً. من الضروري جداً أن نحفظ قلوبنا ونحميها من كل أنواع الشر. ويتحدث بولس عن درع البرّ كضمانة لحماية القلب.

والسؤال الذي يطرح نفسه الآن: «ما المقصود بالبرّ في هذا السياق؟»، والواقع أن بولس يتحدث عن الدرع في رسالة أخرى، حيث يقول في (١تسالونيكي ٥: ٨):

« وَأَمَّا نَحْنُ الَّذِينَ مِنْ نَهَارٍ، فَلْنَصْحُ لاَبِسِينَ دِرْعَ الإِيمَانِ وَالْمَحَبَّةِ،... »

يصف بولس الدرع هنا من وجهة نظر أخرى؛ إنه يدعوه «درع الإيمان والمحبة». وبوضع هاتين التسميتين معاً: « **درع البرّ** » و « **درع الإيمان والمحبة** »، نفهم نوعية البرّ الذي يقصده بولس، إنه ليس بر الأعمال، أو بر أي ناموس أو شريعة دينية، بل هو البرُّ الذي يتحقق بالإيمان فقط.

كما يتحدث بولس عن هذا النوع من البر في (فيلبي ٣: ٩) أيضاً فيقول:

« وَأُوجَدَ فِيهِ أي في المسيح، وَلَيْسَ لِي بِرِّي الَّذِي مِنَ

النَّامُوسِ، بَلِ الَّذِي بِإِيمَانِ الْمَسِيحِ، الْبِرُّ الَّذِي مِنَ اللهِ بِالإِيمَانِ.»

يضع الرسول بولس هنا نوعين من البر معاً، يتحدث أولاً عن بره الشخصي الذي في الناموس، ويؤكد عدم كفاية ذلك البرّ. وكبديل، يذكر بولس البر الذي من **الله**، والذي يتحقق بناءً على الإيمان. هذا هو البرّ الذي يقصده عندما يتحدث عن درع البرّ الذي يحمي القلب.

إن كنا نلبس درعاً من برّنا الشخصي، فإن قلوبنا تكون عرضةً للدمار أمام هجمات الشيطان الذي يجد نقاط ضعفٍ كثيرة في ذلك النوع من البرّ، فينفذ منها إلى القلب. والحل هو أن نضع درعاً من برّ المسيح لا من برنا الشخصي. نقرأ من (٢كورنثوس ٥: ٢١):

«**لأَنَّهُ (أي الله) جَعَلَ الَّذِي لَمْ يَعْرِفْ خَطِيَّةً، خَطِيَّةً لأَجْلِنَا، لِنَصِيرَ نَحْنُ بِرَّ اللهِ فِيهِ (أي في المسيح)**».

ينبغي أن نؤمن، بناءً على إعلان كلمة **الله**، أننا صرنا برّ **الله** ﴿أي «صرنا أبراراً عند **الله**» (الترجمة العربية الجديدة، المشتركة)﴾. هذا هو الدرع الوحيد القادر على

حماية القلب والحياة بطريقة فعَّالة.

ولا يأتي هذا النوع من البرّ الذي يركز عليه بولس إلا بالإيمان؛ لذلك، هو درع الإيمان والمحبة. ولا مجال لتحقيق هذا البر بأية طريقة أخرى.

نأتي الآن إلى صلاة يسوع من أجل بطرس في الليلة التي سبقت الصلب، وكم تؤثر هذه الصلاة بي وتُحرك أعماقي دائماً، فعندما حذر يسوع بطرس من أنه سينكره في تلك الليلة، نجد في سياق ذلك التحذير قوله لبطرس: «... **وَلَكِنِّي طَلَبْتُ مِنْ أَجْلِكَ...**» (لوقا ٢٢: ٣٢). لم يُصَلِّ يسوع بهدف منع بطرس من خيانته، لكنه صلى صلاة مختلفة، وهي الطلبة الوحيدة التي يمكن أن تكون عوناً لبطرس. قال يسوع في (لوقا ٢٢: ٣١ـ٣٢):

«**وَقَالَ الرَّبُّ: «سِمْعَانُ سِمْعَانُ، هُوَذَا الشَّيْطَانُ طَلَبَكُمْ لِكَيْ يُغَرْبِلَكُمْ كَالْحِنْطَةِ! وَلَكِنِّي طَلَبْتُ مِنْ أَجْلِكَ لِكَيْ لاَ يَفْنَى إِيمَانُكَ...**»

لاحظ العبارة: «**لِكَيْ لاَ يَفْنَى إِيمَانُكَ.**»، فرغم أن بطرس كان في طريقه إلى إنكار يسوع مُظهراً كم هو ضعيف وجبان، مازال ممكناً أن يعود كل شيء إلى مجراه شريطة

ألا يفنى إيمان بطرس. هذا هو درع الإيمان والمحبة، فالإيمان عنصرٌ ضروري جداً في هذا الدرع.

ولا يعمل هذا النوع من الإيمان الذي نبحث فيه إلا من خلال المحبة. يقول بولس في (غلاطية ٥: ٦):

«**لأَنَّهُ فِي الْمَسِيحِ يَسُوعَ لاَ الْخِتَانُ يَنْفَعُ شَيْئاً وَلاَ الْغُرْلَةُ، بَلِ الإِيمَانُ الْعَامِلُ بِالْمَحَبَّةِ.**»

وكما أفهم، فإن بولس يقصد أن يقول: «لا كفاية في مراسيم أو في طقوس خارجية، فالإيمان هو الأهم، والذي من دونه لا نجاح لنا في الحياة.

والإيمان المطلوب هو ذاك الذي يعمل من خلال المحبة، فليس هو إيمان نظري جامد، بل إيمان فعال يعمل بالمحبة فقط».

وكلما تأملت في المحبة أكثر، بهرتني قوتها التي لا تُقاوم. وكم أحب كلمات الوحي في (نشيد الأنشاد ٨: ٦ - ٧) حيث يقول: «**اِجْعَلْنِي كَخَاتِمٍ عَلَى قَلْبِكَ، كَخَاتِمٍ عَلَى سَاعِدِكَ، لأَنَّ الْمَحَبَّةَ قَوِيَّةٌ كَالْمَوْتِ. الْغَيْرَةُ قَاسِيَةٌ كَالْهَاوِيَةِ، لَهِيبُهَا لَهِيبُ نَارِ لَظَى الرَّبِّ. مِيَاهٌ كَثِيرَةٌ لاَ تَسْتَطِيعُ أَنْ تُطْفِئَ الْمَحَبَّةَ، وَالسُّيُولُ لاَ تَغْمُرُهَا.**»

فكر في هذه العبـارة، « **الْمَحَبَّةَ قَوِيَّةٌ كَالْمَوْتِ** »؛ الموت لا يُقـاوَم، ولـه مع كل واحد منا لقـاء، لا يمكن لأي منا أن يقاوم الموت عندمـا يأتي، ولا مجال لتجنبه. وتقول كلمة **الله** إن المحبة قوية قوة الموت نفسه.

فَكـر في هذه الحقيقة، المحبة لا تُقـاوَم، تنتصر دائماً، لا يمكـن هزيمتها. وتحمينا المحبة مـن كل القوى السلبية كالحقد والاستياء وعدم الغفران والمرارة والفشل واليأس، الأمور التي من شأنها أن تفسد القلب وتُخرِّب الحياة. تذكر، «كل ما في الحياة من أشياء ينبع من القلب».

ويصـف بولـس هـذا الـنـوع مـن المـحـبـة في (١كورنثوس ١٣: ٤-٨):

« **الْمَحَبَّـةُ تَتَأَنَّى وَتَرْفُقُ. الْمَحَبَّـةُ لاَ تَحْسِدُ. الْمَحَبَّةُ لاَ تَتَفَاخَـرُ، وَلاَ تَنْتَفِخُ، وَلاَ تُقبِّـحُ، وَلاَ تَطْلُبُ مَا لِنَفْسِهَا، وَلاَ تَحْتَـدُّ، وَلاَ تَظُنُّ السُّوءَ، وَلاَ تَفْـرَحُ بِالإِثْمِ بَلْ تَفْرَحُ بِالْحَقِّ. وَتَحْتَمِـلُ كُلَّ شَيْءٍ، وَتُصَدِّقُ كُلَّ شَـيْءٍ، وَتَرْجُو كُلَّ شَيْءٍ، وَتَصْبِرُ عَلَى كُلِّ شَيْءٍ. اَلْمَحَبَّةُ لاَ تَسْقُطُ أَبَداً.** »

هـذا هو الـدرع الذي نحتـاج إليـه، درعٌ لا يسقـط أبداً. نحتـاج إلى درعٍ ليس فيه نقاط ضعف يخترقها الشيطان. ومـا يقولـه بولس هنـا يتوافق تمامـاً مع صـورة الدرع؛

فالمحبــة « تَحْتَمِلُ كُلَّ شَيْءٍ، وَتُصَــدِّقُ كُلَّ شَيْءٍ، وَتَرْجُو كُلَّ شَــيْءٍ، وَتَصْبِرُ عَلَى كُلِّ شَيْءٍ. » ۞وتأتي هذه الكلمات في ترجمة أخرى كما يلي: «تحمي دائماً، تثق دائماً، ترجو دائماً، تحفـظ دائماً (NIV)۞، فعندمـا تحمل درع الإيمان العامـل بالمحبـة، يحميـك دائمـاً (إذ يحتمـل كل ضربات العـدو)، ويحفـظ قلبك مـن كل هجوم شيطـاني، يحاول بـه الشيطان اختراق ذلك الجانب المهم من حياتك.

الفصل التاسع

حذاء استعداد الإنجيل

كانـت الأحذيـة التـي يرتديهـا الجنـود الرومـان قوية ومتينـة، ولها سيور خاصة تشدهـا وتثبتها. وكانت تُربط إلى أعلـى حتـى منتصف عضلـة السـاق (ما بـين الكعب والركبـة) بأربطة جلدية. كان الحذاء مـن أهم أجزاء لباس الجندي الرومـاني، لأنه يساعده على السير مسرعاً مسافات طويلـة. الأمر الذي يمنحـه القابلية علـى الحركة، ويجعله جاهـزاً ليكون في المكان والزمـان المناسبين حسب أوامر القائـد. فكـر فـي الحذاء علـى أنـه وسيلـة لتحقيـق الهجوم والسرعـة فـي الحركـة والاستعداد لتنفيـذ تعليمات قائدك، الرب يسوع المسيح.

لقـد تعلمت معنـى ذلك عمليـاً من تجربتـي الشخصية: فلمـدة سنتـين، وأثناء الحـرب العالمية الثانيـة، عملت في وحـدة طبيـة تابعـة للجيش البريطاني في صحـراء شمـال

أفريقيـا. جاءت أوقات كنـا نعمل فيها مع فصيلة مُسلحة، وكنـا قريبين جداً مـن خطوط العدو، وكنـا نعمل في الليل أحيانـاً. ومـن الصعـب أن تحـدد تمامـاً اتجـاه العـدو في الصحـراء، ذلك أن الحـرب كانت نشطة وغـير مستقرة. في مثـل تلك الحالة، كان الضابط المسئـول يصدر أوامر بعدم خلع الأحذية العسكرية ليلاً، فكان علينا أن ننام وأحذيتنا في أقدامنـا. والسبـب واضـح بالطبع، فعندمـا تصحو من نـوم عميق، لا تكون في أفضل أحوالك، فإن كنت قد خلعت حـذاءك، وكان الوضـع مربكاً ومضطرباً مـن حولك، فإنك تضيـع بضـع دقائق ثمينة جداً وأنت تبحـث عن الحذاء ثم تحـاول أن تضعه في قدمـك وأن تشد سيـوره. أما إن كنت محتذيـاً حذاءك أصلاً، فأنت في حالة استعداد. المفتاح إذاً هو قابلية الحركة والاستعداد.

وهـذا صحيـح أيضـاً بالنسبـة إلى الأسلحـة الروحيـة المناظـرة والتي يتحدث عنها بولس. ويُسمي بولس الحذاء: «حـذاء استعداد الانجيـل». وهـي تسمية تتضمـن أن نكون جاهزيـن لأمر ما. علينا كمؤمنـين أن نتمتع بفهم وإدراك لماهية الإنجيل. يدعي الكثيرون أنهم مخلصون ومولودون من جديد، لكنهم لا يستطيعون أن يشرحوا بطريقة مفهومة

كيفيــة حصولهم على الخلاص، أو كيـف يمكن لآخرين أن يقبلـوا الخلاص. وأنــا أعتقد أن «الاستعـداد» هنا يتضمن دراســة كلمة **الله** واستذكارهـا والقـدرة على إيصال رسالة الإنجيل إلى الآخرين بطريقة منطقية مفهومة. لاحظ أيضاً أن بولس يقول: «حذاء استعداد إنجيـل السلام.» فـالإنجيل يبعث السلام في قلب وذهن من يؤمن به ويطيعه.

هنـاك أمرٌ واحدٌ مؤكد بشأن السلام: لا يمكن نقل السلام إلى الآخرين، إلا إذا كنا نتمتع به أولاً؛ لا نستطيع نقل شيء لم نختـبره. ربمـا نستطيع أن نتحـدث عنـه، أن نفكر فيه، لكننا لا نستطيع أن ننقله إلى الآخرين.

فيمـا يلي مقطع مهم جداً من (متى ١٠: ١٢-١٣)، حيث أعطـى يسـوع تعليماتـه للتلاميـذ الذين أرسلهـم في المرة الأولى للكرازة بـالإنجيل، وهذا بعض مـا قـالـه:

«وَحِــينَ تَدْخُلُونَ الْبَيْتَ سَلِّمُوا عَلَيْــهِ، فَإِنْ كَانَ الْبَيْتُ مُسْتَحِقّاً فَلْيَأْتِ سَلاَمُكُــمْ عَلَيْهِ. وَلَكِنْ إِنْ لَمْ يَكُنْ مُسْتَحِقّاً فَلْيَرْجِعْ سَلاَمُكُمْ إِلَيْكُمْ.»

لاحظ هــذه العبـارة: «**فَإِنْ كَانَ الْبَيْــتُ مُسْتَحِقّاً فَلْيَأْتِ سَلاَمُكُمْ عَلَيْهِ.**»؛ أن تنقل هذا السلام إلى البيت. فهل تتمتع

بسلام تنقله عندما تدخل بيتاً ما؟ إذا لا يمكنك أن تنقل ما لا تتمتع به أنتَ نفسك.

دعني أعطيك مثالاً: أنتِ سيدة تشتري بعض الحاجيات من السوق، وها أنتِ تقفين في طابور بانتظار دفع الحساب في أحد المحلات، وها سيدةٌ أخرى إلى جانبك، ويبدو واضحاً عليها أنها على حافة إنهيار عصبي؛ إنها متوترة وعصبية جداً. ثم يقودك الرب إلى مساعدتها، فماذا تفعلين؟ هل تقولين لها: «لماذا لا تأتِ إلى اجتماع صباح الأحد؟» أوَيسدُّ هذا احتياجاها؟! إذا كان هذا كل ما بحوزتك، فأنت بلا حذاء!

أن تحذي رِجلَكِ باستعداد إنجيل السلام يعني أن تكوني مستعدة لعمل الشيء المناسب في الزمان والمكان المناسبين، وحالما يرشدك **الله** إلى ذلك.

أولاً: ينبغي أن تتمتعي أنتِ بالسلام، ينبغي أن تشعر تلك السيدة أنكِ تملكين شيئاً لا تمتلكه هي، بل تحتاج إليه احتياجاً شديداً. نعم، يستطيع الناس أن يشعروا بالسلام الذي يتمتع به الآخرون.

وعندما تحاول تلك السيدة أن تنعم بالسلام، ينبغي أن

تكوني قــادرة على قيادتهــا إلى الطريق الـذي تجد السلام فيــه، وذلـك بكلمات بسيطــة ولغة غير مشحونــة بـالألفاظ الدينيــة؛ ينبغي أن تكوني قـادرة على تقديم رسالة الإنجيل إليها. هذا هو «حذاء استعداد إنجيل السلام.»

الفصل العاشر

ترس الإيمان

في اللغة اليونانية المستخدمة في العهد الجديد هناك كلمتان تشيران إلى الترس:

الأولى تعني ترساً صغيراً دائرياً يشبه طبقاً واسعاً كذلك الذي يُصنع من القش المجدول، أما الثانية فتعني ترساً مستطيل الشكل، وهي كلمة مشتقة من أصل الكلمة اليونانية التي تعني «باب» لأن هذا الترس يشبه الباب. وهذا النوع الثاني هو الذي يقصده بولس عندما يقول: «ترس الإيمان».

يستخدم الجندي الروماني المُدَرب هذا الترس لكي يكون جسمه كله محمياً من سهام العدو. يؤمِّن هذا الترس حمايةً كاملةً، وهذا هو الإيمان الذي يقصده بولس ويشبهه بالترس.

عندما نخرج للحرب ضد الشيطان ونضايقه، تأكد أنه

سيشن هجوماً مضاداً، فيهاجم أذهاننا وقلوبنا وأجسادنا وأمورنا المالية، لذلك نحتاج إلى ترس يغطينا. ويهاجم الشيطان أية ناحية يستطيع الوصول إليها، فإن لم يتمكن من مهاجمتنا، هاجم الأشخاص الأقرب إلينا. إن كنت متزوجاً فإن الشيطان يهاجم زوجتك أولاً، فهذه طريقة يستطيع بها أن يصل إليك. لذلك ينبغي أن تمتلك ترساً كبيراً يكفي لحماية كل الجوانب التي وضع الله مسئوليتها على عاتقك. ويتضمن ذلك نفسك وعائلتك وكل ما أوكلك الله عليه. لقد تعلمت هذا الدرس يوماً من الأيام بصورة مثيرة وفعَّالة.

كنت أتعامل يوماً مع سيدة يسيطر عليها روح انتحار، وقد اختبرت تحريراً واضحاً ومُذهلاً وعرفت أنها تحررت بالفعل، فشكرنا الله وسبحناه معاً. في اليوم التالي، رجعت السيدة وقصت عليَّ حادثةً مدهشة؛ قالت أنه في الوقت الذي تحررت فيه، كان زوجها يقود عربة نقل صغيرة على الطريق السريع، وكان كلبهم الألماني يجلس في الخلف كعادته دائماً. وفجأة، وبلا سبب، قفز الكلب من العربة الخلفية وقُتل للوقت، بينما كانت السيارة تنطلق بسرعة كبيرة.

وبينما هي تخبرني بذلك، أدركت أن روح الانتحار الذي ترك السيدة قد انتقل إلى الكلب؛ هاجم الشيطان أقرب منفذ استطاع الوصول إليه. لقد تعلمت درساً أثق بأنني لن أحتاج إلى أن أتعلمه ثانية. وحينما أصلي مع أحدهم لأجل التحرير، أُعلن دائماً حماية الإيمان في دم يسوع على كل الأشياء التي له صلة بها. ولم تتكرر مثل تلك الحادثة معي بعد ذلك. لقد تعلمت من هذا أهمية ترس الإيمان باعتباره ترساً كبيراً يشبه الباب ويحمي كل ما وضعه الله تحت وكالتنا.

يُذكر الإيمان مرتين في قائمة الأسلحة الروحية. فالدرع هو درع الإيمان والمحبة، والترس هو ترس الإيمان. وينبغي أن نفهم استخدام الكلمة «إيمان» في كل حالة من الحالتين بطريقة مختلفة قليلاً. فالدرع هو الإيمان الخاص بالبر الذي نناله شخصياً، أما الترس فهو الإيمان من أجل حمايتنا وحماية كل الذين وضعهم الله تحت مسئوليتنا، فالترس يغطي كل شيءٍ.

تعلمت هذه الحقيقة في بداية خدمتي الإذاعية. فعندما بدأت الخدمة، بدأت أمورٌ كثيرة في التعثُّر بصورةٍ غريبة وفي نفس الوقت. بعضها في المكتب أو في وحدة الإنتاج،

بعض المعدات تعطلت وكان من المفترض أنها تعمل بشكل
جيـد، مرض بعض الموظفين، وهكـذا عَمَّتْ الفوضى في
ترس الإيمان. كان الشيطان يشنُّ هجوماً، ولما لم يتمكن
مـن الوصول إليَّ مباشرةً، بدأ في توجيه هجومه إلى أولئك
الذين أعتمد عليهم في تدعيم خدمتي.

فرفعت ترس الإيمان، وانتهرت قوة الفوضى، فعاد
السـلام والنظام من جديـد. نعم، لقد تعلمت درساً جديداً.
ينبغـي أن نرفع ترس الإيمان مـن أجل التمتع بحماية الله
الكاملة.

الفصل الحادي عشر

خــوذة الخـــلاص

قطعة الســلاح الخامسة هـي خـوذة الخلاص. وأتشارك معكم ببعض الحقائق الثمينة التي تعلمتها من صراعاتي الشخصية حول هذا الموضوع.

عندمـا أتذكر تلـك الصراعــات تقفز إلى ذهنـي كلمـات (رومية ٨: ٣٧) حيث يقول بولس:

«وَلَكِنَّنَـا فِي هَذِهِ جَمِيعِهَـا يَعْظُـمُ انْتِصَارُنَـا بِالَّذِي أَحَبَّنَا.» ❊وفي ترجمة أخرى: «...ولكننا، في جميع الأمور، نحـرز مـا يفـوق الانتصار على يـد من أحبنـا.» (الترجمة التفسيرية، كتاب الحياة)❊.

مـاذا يعني أن نحـرز ما يفـوق الانتصـار، أو أن نكون أعظم مـن منتصريـن؟ هـذا يعنـي أننـا لا نكسـب معركة فحسـب، لكننا نخرج منها ونحن نمتلـك أكثر مما كان لنا

قبل المعركة. لقد تبرهنت لي هذه الحقيقة مراراً كثيرة في اختباري الشخصي.

عندما تحدثنا عن الدرع، رأينا أن الدرع يحمي القلب. والآن نتحدث عن الخوذة، ونرى أنها تحمي الرأس، والرأس يمثل الذهن. إذاً نحن نتحدث عن خوذة تحمي أذهاننا.

وقد سبق لنا ورأينا أن ساحة المعركة الروحية بأكملها هي الذهن البشري. ولما كان الذهن هو ساحة المعركة، كان من الواضح أننا نحتاج إلى حماية أذهاننا بشكل خاص.

تعلمت من خبرتي في العمل الطبي في الحرب العالمية الثانية هذه الحقيقة: إذا أُصيب أحدهم في رأسه، لا يعود قادراً على استخدام أسلحته ومعداته بفاعلية. ربما يكون جندياً شجاعاً ويحمل عتاداً ممتازاً، لكنه يجد صعوبة بالغة في الاستفادة من سلاحه ومن قدراته عندما يُصاب في رأسه.

هذا من الناحية الطبيعية، فإذا نظرنا إلى الجانب الروحي، نجد الأمر صحيحاً في حياة كثيرين من المؤمنين العاملين. لقد كان لي الامتياز بأن أخدم مع كثيرين من

خدام الله الرائعين رجالاً ونساءً في أوقاتٍ وأماكن كثيرة. وأعتقد أن المرسلين بالذات يقعون تحت ضغوط روحية هائلة. بعض المرسلين الذين عملت معهم كانوا رجالاً ونساءً مكرسين لله وأكفاء للخدمة، يمتازون بدعوة حقيقية وقدرةٍ عظيمة. مع ذلك، فقد سمحوا مرات كثيرة لرؤوسهم أن تُجرح. أي سمحوا لأنفسهم بأن يكونوا ضحية للاكتئاب وفقدان الثقة في الخدام المؤمنين الآخرين. هذه المشكلة في أذهانهم تمنعهم من أن يكونوا أولئك الخدام والمرسلين الفعالين في حقل خدمة الله، مع أنهم كانوا مؤهلين لذلك. إن الرأس المجروح يمنع استخدام بقية الأسلحة بفاعلية.

لقد واجهت شخصياً ـ ولعدة سنوات ـ صراعاً هائلاً مع الاكتئاب. كان الأمر يشبه سحابة سوداء حلت عليَّ، فجعلتني منطوياً وخاملاً، ومنعتني من التواصل مع الآخرين. لقد شعرت بالعجز، مع أنني خادم موهوب في أشياء كثيرة، مما جعلني أفكر في نفسي قائلاً: «الآخرون قادرون أما أنت فلا! لن تنجح أبداً! ينبغي أن تستسلم!»

لقد عانيت من الكآبة عدة سنوات، وكنت أفعل كل ما في طاقتي، صليت وصمت وطلبت الله وقرأت الكتاب المقدس.

وفي يــوم من الأيام، أعطاني الرب إعلانــاً كان هو الطريق إلى حل مشكلتي؛ كنت أقرأ (أشعياء ٦١: ٣):

«... لأَجْعَلَ لِنَائِحِي صِهْيَوْنَ، لأُعْطِيَهُمْ جَمَالاً عِوَضاً عَنِ الرَّمَادِ، وَدُهْنَ فَرَحٍ عِوَضاً عَنِ النَّوْحِ، وَرِدَاءَ تَسْبِيحٍ عِوَضاً عَنِ الرُّوحِ الْيَائِسَةِ،....»

۞أو «الــروح المتداعيـة» (الترجمـة التفسيريـة، كتـاب الحياة)، أو «روح الاكتئاب،» (الترجمة اليسوعية)۞.

قــرأت هذه العبارة: «الروح المتداعية» أو «روح التداعي واليأس والاكتئــاب»، فقرأت المزيد مــن المقاطع الكتابية التي تتحـدث عن التحريــر، وصليت صلاة إيمان بسيطة، فحررني الله من ذاك الروح بطريقة فوق طبيعية.

ثــم رأيت أنني محتــاجٌ إلى حماية خاصــة على ذهني، وكنـت علـى معرفـة بذلك المقطـع مـن (أفسس ٦)، فقلت لنفسـي: «لابد أننـي أحتاج إلى خوذة الخلاص.» ثم قلت: لكن هل يعني هذا أنني حصلت على الخوذة لأنني مخلص؟ هــل هـي عملية أوتوماتيكية تلقائية؟» لكنني اكتشفت أنها ليسـت كذلك، لأن بولس كان يكتب إلى مؤمنين عندما قال لهـم: «خـذوا خـوذة الخلاص» ثم قـادني الـرب إلى مقطع

مشابه في (١تسالونيكي ٥: ٨):

« **وَأَمَّا نَحْنُ الَّذِينَ مِنْ نَهَارٍ، فَلْنَصْحُ لاَبِسِينَ دِرْعَ الإِيمَانِ وَالْمَحَبَّةِ، وَخُوذَةً هِيَ رَجَاءُ الْخَلاَصِ.** »

وعندما قرأت العبارة «رجاء الخلاص»، أخذت إعلاناً لحظياً من الروح القدس، لقد عرفت أن الرجاء هو حماية الذهن، بينما الإيمان هو حماية القلب. وكثيراً ما نخلط بين هاتين الحقيقتين. الإيمان بحسب الكتاب المقدس يكون في القلب: «... **الْقَلْبَ يُؤْمَنُ بِهِ لِلْبِرِّ...** » (رومية ١٠: ١٠)؛ الإيمان هو درعٌ يحمي القلب، أما الذهن فيحميه الرجاء.

فما هي العلاقة بين الإيمان والرجاء؟ هذا ما نجده واضحاً في (عبرانيين ١١: ١):

« **أَمَّا الإِيمَانُ فَهُوَ الثِّقَةُ بِمَا يُرْجَى...** »

وفي ترجمة أخرى: «أما الإيمان فهو قوام المرجوات» (ترجمة فاخوري البولسي). وقوام الأمر هو نظامه وعماده وما يقوم به.

فالإيمان هو قاعدة الحق الأساسية التي يُبنى الرجاء عليها. فإن كان لنا إيمانٌ صحيح كان لنا رجاءٌ صحيح.

وإن لم يكن إيماننا صحيحاً، فليس لنا رجاء صحيح أيضاً. ربما يكون رجاؤنا مجرد آمال وأُمنيات نفكر فيها. لكن إن كان لنا أساسٌ حقيقي من الإيمان، نستطيع أن نبني عليه رجاءً صحيحاً يكون حمايةً لأذهاننا.

وأود أن أُعرف الرجاء بطريقة بسيطة تتفق مع كلمة **الله**: الرجاء هو توقعٌ هادئ وثابت لأمور صالحة مبنية على وعود كلمة **الله**. «فالرجاء هو تفاؤل متواصل (إذا صح التعبير)، هو توقع الخير بناءً على كلمة **الله**، وهو لا يعطي مجالاً للكآبة أو الشك أو الشفقة على الذات، هذه هي حماية الذهن.

وهناك أساسٌ كاف يدفعنا إلى الرجاء، ونجده في (رومية ٨: ٢٨):

« وَنَحْنُ نَعْلَمُ أَنَّ كُلَّ الأَشْيَاءِ تَعْمَلُ مَعاً لِلْخَيْرِ لِلَّذِينَ يُحِبُّونَ الله، الَّذِينَ هُمْ مَدْعُوُّونَ حَسَبَ قَصْدِهِ.»

فإن كنا بالفعل نعلم أن كل ما يحدث في حياتنا، إنما يخضع ليد **الله** التي تجعل كل الأشياء تتناسق معاً لخيرنا، فليس هناك مبرر للتشاؤم أبداً، بل إنّ كل ما يحدث ينبغي أن يكون دافعاً للتفاؤل (بمعنى توقع الأفضل). إذاً الرجاء

(أي التفاؤل وتوقع الأفضل) هو خوذة، إن لبسناها دائماً، تحمي أذهاننا من هجمات الشيطان الماكرة كالشك والفشل والشفقة على الذات وعدم الثقة بالآخرين وغيرها.

عندما أراني الروح القدس أن الخوذة التي تحمي أذهاننا هي الرجاء، كان قد قدم لي ما يشبه العظة. فتمكنت للوقت من أن أجمع عدة مقاطع كتابية تتحدث عن الرجاء، أضع بعضها أمامكم الآن:

« لأَنَّنَا بِالرَّجَاءِ خَلُصْنَا » (رومية ٨: ٢٤).

ماذا يعني ذلك؟ يعني أنه لا خلاص بلا رجاء، فالرجاء جزء أساسي في اختبار الخلاص. قارن هذا مع حالة غير المُخلَّصين كما يصفها المقطع التالي:

«...أَنَّكُمْ كُنْتُمْ فِي ذَلِكَ الْوَقْتِ بِدُونِ مَسِيحٍ، أَجْنَبِيِّينَ عَنْ رَعَوِيَّةِ إِسْرَائِيلَ، وَغُرَبَاءَ عَنْ عُهُودِ الْمَوْعِدِ، لاَ رَجَاءَ لَكُمْ وَبِلاَ إِلَهٍ فِي الْعَالَمِ.» (أفسس ٢: ١٢).

فحالة الضائعين هي أنهم بلا مسيح، وبلا رجاء، وبلا إله. ولا ينبغي أن يكون حال المؤمنين هكذا، إن كان لنا المسيح، فلنا رجاء، ولنا إله. نقرأ في (كولوسي ١: ٢٧):

«الَّذِينَ أَرَادَ اللهُ أَنْ يُعَرِّفَهُمْ مَا هُوَ غِنَى مَجْدِ هَذَا السِّرِّ

فِي الأُمَمِ، الَّذِي هُوَ الْمَسِيحُ فِيكُمْ رَجَاءُ الْمَجْدِ.»

هذا هو السر الحقيقي، سر الإنجيل: «المسيح فيكم...» وإن كان المسيح فيكم فلكم رجاء. إن لم يكن لكم رجاءٌ فكأن المسيح ليس فيكم. ولا أقصد أنك تكون نفساً هالكة، لكني أقصد أنك لا تحيا اختبار الخلاص. إن الرجاء في ذهنك جزء مهم من اختبار خلاصك. وتقدم لنا (عبرانيين ٦: ١٧ ـ ٢٠) صورتين جميلتين عن الرجاء:

«فَلِذَلِكَ إِذْ أَرَادَ اللهُ أَنْ يُظْهِرَ أَكْثَرَ كَثِيراً لِوَرَثَةِ الْمَوْعِدِ عَدَمَ تَغَيُّرِ قَضَائِهِ، تَوَسَّطَ بِقَسَمٍ، حَتَّى بِأَمْرَيْنِ عَدِيمَي التَّغَيُّرِ، لاَ يُمْكِنُ أَنَّ اللهَ يَكْذِبُ فِيهِمَا، تَكُونُ لَنَا تَعْزِيَةٌ قَوِيَّةٌ، نَحْنُ الَّذِينَ الْتَجَأْنَا لِنُمْسِكَ بِالرَّجَاءِ الْمَوْضُوعِ أَمَامَنَا، الَّذِي هُوَ لَنَا كَمِرْسَاةٍ لِلنَّفْسِ مُؤْتَمَنَةٍ وَثَابِتَةٍ، تَدْخُلُ إِلَى مَا دَاخِلَ الْحِجَابِ، حَيْثُ دَخَلَ يَسُوعُ كَسَابِقٍ لأَجْلِنَا...»

الصورة الأولى هي المذبح، كان المذبح في ظل العهد القديم مكاناً للحماية من طالبي الدم (أي الذين يقصدون القتل بدافع الثأر)، فعندما تهرب إلى المذبح تكون آمناً. ويقول كاتب الرسالة إلى العبرانيين إننا ينبغي أن نهرب إلى المذبح ونتمسك بقرونه عندما تأتي المصاعب

والضغوطات وأن لا نسمح لشيء أن يسحبنا بعيداً عنه. أما المذبح هنا فهو الرجاء.

أما الصورة الثانية فهي أن الرجاء كمرساة تجتاز الزمن وتدخل إلى الأبدية، إلى محضر الله نفسه. نحن في هذا العالم أشبه بمركب صغير يحمله البحر، وكل ما حولنا مؤقت غير دائم، ومتقلب لا يُعتمد عليه، وما من شيء يمنحنا الثبات والأمان. لذلك نحتاج إلى مرساة تعبر حجاب الزمن إلى الأبدية، وتتثبت بإحكام في صخر الدهور. عندما يكون لنا رجاءٌ، تكون لنا هذه المرساة.

أخيراً نقرأ (عبرانيين ١٠: ٢٣):

« لِنَتَمَسَّكْ بِإِقْرَارِ الرَّجَاءِ رَاسِخاً، لأَنَّ الَّذِي وَعَدَ هُوَ أَمِينٌ. (أو «لنتمسك دائماً بالرجاء الذي نعترف به...») (الترجمة التفسيرية كتاب الحياة).

واصل التمسك بالرجاء، ولا تتركه أبداً،

فهو حماية لذهنك.

الفصل الثاني عشر

سيف الروح

يتميز السيف عن الأسلحة الأخرى بشيء واحد، فهو أول قطعة دفاعية وهجومية معاً. من دون السيف، لا نستطيع طرد الشيطان. ربما نستطيع، باستخدام الأسلحة الباقية معاً، أن نمنع الشيطان من أن يجرحنا، لكننا لا نستطيع أن نطرده من دائرة حضورنا، أما السيف فهو السلاح الوحيد في قائمة الأسلحة والذي نستطيع به أن نطرد الشيطان، وهو يدعى «كلمة **الله**».

يُشبه الكتاب المقدس كلمة **الله** بالسيف، ذلك أن كلمة **الله** قادرة على الاختراق والنفاذ كما تعلن (عبرانيين ٤: ١٢):

«لأَنَّ كَلِمَةَ اللهِ حَيَّةٌ وَفَعَّالَةٌ، وَأَمْضَى مِنْ كُلِّ سَيْفٍ ذِي حَدَّيْنِ، وَخَارِقَةٌ إِلَى مَفْرَقِ النَّفْسِ وَالرُّوحِ وَالْمَفَاصِلِ وَالْمِخَاخِ، وَمُمَيِّزَةٌ أَفْكَارَ الْقَلْبِ وَنِيَّاتِهِ.»

تخترق كلمة **الله** كل ناحية من نواحي الشخصية الإنسانية؛ إنها تصل إلى المخاخ (أي نخاع العظم)، أكثر أجزاء الجسم خفاء. ثم إن كلمة **الله** تُميز الحد الفاصل بين النفس والروح، وهي أعمق جوانب الشخصية الإنسانية. نعم، إن كلمة **الله** أمضى من كل سيف ذي حدين.

وهذا يوحنا، في (رؤيا ١: ١٦)، يرى يسوع رب الكنيسة، ويرى سيفاً يخرج من فمه:

« **وَمَعَهُ فِي يَدِهِ الْيُمْنَى سَبْعَةُ كَوَاكِبَ، وَسَيْفٌ مَاضٍ ذُو حَدَّيْنِ يَخْرُجُ مِنْ فَمِهِ،...** »

إن سيف كلمة **الله** ذو حدين يخرج من فم يسوع. وبما أن الكتاب المقدس يحدثنا عن يسوع وكيف استخدم هو نفسه سيف كلمة **الله**، فمن المناسب أن ندرس كيف استخدم يسوع ذلك السيف في حياته على الأرض. نجد أوضح صورة لذلك في (متى ٤: ١ ـ ١١)، حيث نقرأ وصفاً للحادثة التي جرب بها الشيطان الرب يسوع في البرية. وأؤكد في هذا المجال أن يسوع، وفي كل مرة واجه فيها الشيطان، استخدم سلاحاً واحداً ضده، وهو سيف الروح الذي هو كلمة **الله**.

«ثُـــمَّ أُصْعِدَ يَسُـــوعُ إِلَى الْبَرِّيَّةِ مِنَ الـــرُّوحِ لِيُجَرَّبَ مِنْ إِبْلِيسَـ. فَبَعْدَ مَا صَامَ أَرْبَعِينَ نَهَـــاراً وَأَرْبَعِينَ لَيْلَةً جَاعَ أَخِـــيراً. فَتَقَدَّمَ إِلَيْهِ الْمُجَرِّبُ وَقَالَ لَهُ: «إِنْ كُنْتَ ابْنَ اللَّهِ فَقُلْ أَنْ تَصِـــيرَ هَذِهِ الْحِجَارَةُ خُبْزاً». فَأَجَـــابَ: «مَكْتُوبٌ: لَيْسَ بِالْخُبْزِ وَحْدَهُ يَحْيَا الإِنْسَـــانُ، بَلْ بِكُلِّ كَلِمَةٍ تَخْرُجُ مِنْ فَمِ اللَّهِ». ثُـــمَّ أَخَذَهُ إِبْلِيسُ إِلَى الْمَدِينَـــةِ الْمُقَدَّسَةِ وَأَوْقَفَهُ عَلَى جَنَاحِ الْهَيْكَلِ، وَقَالَ لَهُ: «إِنْ كُنْتَ ابْنَ اللَّهِ فَاطْرَحْ نَفْسَكَ إِلَى أَسْفَلُ لأَنَّهُ مَكْتُـــوبٌ: أَنَّهُ يُوصِي مَلاَئِكَتَهُ بِكَ فَعَلَى أَيَادِيهِمْ يَحْمِلُونَـــكَ، لِكَيْ لاَ تَصْدِمَ بِحَجَرٍ رِجْلَـــكَ». قَالَ لَهُ يَسُوعُ: «مَكْتُوبٌ أَيْضاً: لاَ تُجَرِّبِ الرَّبَّ إِلَهَكَ». ثُمَّ أَخَذَهُ أَيْضاً إِبْلِيسُ إِلَى جَبَلٍ عَالٍ جِدّاً وَأَرَاهُ جَمِيعَ مَمَالِكِ الْعَالَمِ وَمَجْدَهَا، وَقَالَ لَهُ: «أُعْطِيكَ هَذِهِ جَمِيعَهَا إِنْ خَرَرْتَ وَسَجَدْتَ لِي». حِينَئِذٍ قَالَ لَهُ يَسُوعُ: «اذْهَبْ يَا شَيْطَانُ! لأَنَّهُ مَكْتُوبٌ: لِلرَّبِّ إِلَهِكَ تَسْجُدُ وَإِيَّاهُ وَحْدَهُ تَعْبُدُ». ثُمَّ تَرَكَهُ إِبْلِيسُ، وَإِذَا مَلاَئِكَةٌ قَدْ جَاءَتْ فَصَارَتْ تَخْدِمُهُ.»

وأود أن أُشير هنـــا إلى بضع حقائق مهمـــة تتعلق بهذا المقطع الكتـابي:

أولاً: لم يشـكك الرب يســوع ولا الشيطـان نفسه في كلمة

الله. أليـس هـذا مذهلاً؟! لقد اقتبس يسوع مـن سفر التثنية بالتحديد، ذلك السفر الذي تعرض إلى هجـوم ونقد شديدين مـن اللاهوتيـين المعاصريـن. وأنـا أعتقـد شخصيـاً بأن الشيطـان أكثـر حكمـة مـن أولئـك اللاهوتيـين، فالشيطان عـرف سلطان الكلمـة، وبالطبع كانت معرفة الرب يسوع للكلمة وسلطانها عميقة بما لا يقاس.

ثانياً: التجـارب الثلاث التي تعرض لـها يسوع، كانت ترتكز علـى إثارة الشك؛ كان الشيطان يبـدأ دائمـاً بالكلمة «إن» في محاولة لوضع حقيقةٍ ما موضع الشك.

ثالثـاً: وكمـا بينـت سابقـاً، لم ينوع يسوع في أسـلوبه بالتعامـل مـع الشيطان، بـل اسـتخدم دائمـاً السـلاح نفسه ضده، سلاح كلمة الله:

«مكتوب... مكتوب... مكتوب...»

مـن المهـم أن نلاحـظ أيضـاً أن الشيطـان يقتبس من كلمـة الله أيضاً. لكنه يضعها في غير موضعها. لقد اقتبس الشيطان من مزمور ٩١ مُحَرِّفاً تفسير الكلمات، لكن يسوع اقتبس ثانيةً من سفر التثنية مبيناً خـداع الشيطان. فإن كان الشيطـان قد تجرأ علـى اسـتخدام كلمة الله ضد يسوع،

فمن الـوارد أن يستخدمها ضدك أو ضدي. لذلك، ينبغي أن نتمكـن من كلمة الله المكتوبـة، وأن نفهم كيف نطبقها إن كنا نريد أن نتعامل مع هجمات إبليس. ينبغي أن نحذر من أولئك الذين يشوهون مفاهيم الكلمة، ويحاولون إسقاطنا في مهاوي الخطية.

لم يواجه يسوع الشيطان باستخدام اللاهوت أو بإعلان نسبه الديني، لم يحدثه عن مجمع يتردد عليه أو معلم تعلم علـى يديه، لكنـه كان يُسرع إلى اقتباس الكلمة المكتوبة قائلاً : « مكتوب... مكتوب... مكتوب...» وبعد الطعنة الثالثة بهذا السيف الماضي ذي الحدين، تراجع الشيطان، فقد نال كفايته، وأنا وأنت قـد أُعطينا امتيازاً عظيماً بـأن نستخدم هذا السلاح نفسه.

عندمـا يتحـدث بولس عـن سيف الروح الـذي هو كلمة الله في (أفسس ٦: ١٧)، فإنـه يستخـدم الكلمة اليونانية «Rhema ـ كلمـة» وهي تعني أساساً الكلمة المنطوقة، فمن الأهمية بمكان أن نفهم أن سيف الروح ليس هو ذلك الكتاب الموضـوع على الرف، فذلك لا يخيف الشيطان مطلقاً. لكن عندمـا تأخذ الكلمة المكتوبـة وتنطقها بلسانك مباشرة،

تصبح الكلمة آنذاك سيفاً للروح.

لاحـظ أيضاً أهمية عبارة «سيف الروح». إنها تُشير إلى التعاون بين المؤمن والروح القدس، نحن نحمل السيف فلا يحمله الروح القدس عوضاً عنا، لكن الروح القدس يعطينا القوة والحكمة في استخدام السيف بعد أن نحمله.

الفصل الثالث عشر

جزءٌ بلا حماية

لقد غطينا الأسلحة الستة التي تؤمّن لنا الحماية، وهي مِنطَقة الحق، درع البر، حذاء استعداد الإنجيل، ترس الإيمان، خوذة الخلاص وسيف الروح الذي هو كلمة الله. فإن حملنا هذا السلاح الواقي الذي أعده لنا الله، تمتعنا بحماية كاملة من قمة الرأس إلى أخمص القدم، ما عدا جزء واحد!

الظهر هو المنطقة الوحيدة من الجسم التي بقيت بلا حماية، وأعتقد أن هذه حقيقة مهمة، ولها دلالتان عمليتان:

أولاً: لا تعطِ ظهرك لإبليس لأنك - إن فعلت - تعطِه فرصة لكي يجرحك في منطقة غير محمية. هذا يعني ألا تستسلم أبداً أو تتراجع مُعطياً ظهرك للمعركة قائلاً: «لقد عانيت بما في الكفاية، لا أحتمل المزيد». فأنت تعطي بذلك

ظهـرك المكشوف لإبليس، وتـأكد أنـه سيرحب بـهذه الفرصة ويـجرحك.

ثانياً: نحن غير قـادرين دائمـاً على حمـاية ظهورنـا. في الجيوش الرومـانية، كـان جنود المشاة يـحـاربون في صفوف متراصة، وكـان صف الجنـود المتمـاسك يُدعى «phalanx» بـاليونـانية (وتعني «جمـاعة منظمـة»).

كـانـوا مدربـين علـى القتال بـهـذه الطريقة، فـلا يسمح لأحدهـم بـأن يخرج عن الصـف. كـان الجندي منهم يعرف مَـن عن يمينـه ومن عن يساره، فكان يعـرف أن هنـاك من يحمـي ظهـره إذا اشتد عليـه ضغط المعركـة ولا يقدر على حمـاية ظهره بنفسه.

أعتقـد أن هـذا صحيح أيضـاً في حياة المؤمنـين. إذ لا يمكـن لنـا أن نـخرج ونواجه تحـدي مملكة الشيطان كـأفراد معزولـين، بـل ينبغي أن نتحلـى بـالانضبـاط، وأن نعرف مواقعنـا في الجسد (الذي هو جيش المسيح)، وأن يعرف كلٌّ منـا من يقـف عن يمينه ومـن يقف عن يسـاره. ينبغي أن نكون قـادرين على الثقة بـإخوتنـا الجنود الآخرين، فعندما تشتـد الضغوط نعـرف من سيكون هنـاك لحمـاية ظهورنـا

عندما لا نستطيع نحن حمايتها.

مضت أربعـون سنة تقريباً منـذ أن انخرطت في خدمة الـرب، ولقد رأيت خلالها الكثير والكثير. ورأيت أن المأساة الحقيقيـة في اختبـار الحيـاة الإيمانيـة هـي أن يجرحـك ذلـك الإنسـان الذي كان ينبغـي أن يحمي ظهـرك. كم من مـرة تعرضنـا إلى جرح في الظهـر كان سببـه أخ مؤمن؟! إنهـا مواقـف ما كان ينبغـي لها أن تحـدث. فدعونا نضع في قلوبنـا وأذهاننا أن نقـف صفاً واحداً، لا نجرح بعضنا بعضاً، بل يحمي أحدنا الآخر.

الجـزء الثـالث

أسلحـة الهجـوم

الفصل الرابع عشر

المبادرة بالهجوم

تعرضنا في الجزء السابق إلى قائمة الأسلحة الستة التي أوردها بولس في (أفسس ٦: ١٤ - ١٧): منطقة الحق، درع البر، حذاء استعداد الإنجيل، ترس الإيمان، خوذة الخلاص وسيف الروح. وقد بينا أن جميع هذه المعدات تفي بغرض الدفاع عدا السيف الذي هو سلاح هجومي. إذاً جميع هذه الأسلحة بالأساس هي للحماية أو الدفاع عن النفس. ولا يصل السيف إلى أبعد من مدى يد حامله. بمعنى أن هذه الأسلحة - بما فيها السيف - لا تؤهلنا لهدم حصون الشيطان الذي يصفها بولس في (٢كورنثوس ١٠: ٤ - ٥)، حيث يتحدث عن التزامنا بهدم تلك الحصون.

فلنتقدم الآن من الدفاع إلى الهجوم، ونتحدث عن أسلحة هجومية تمكننا من الإغارة على حصون الشيطان وهدمها. من المهم أن ندرك أهمية مبادرتنا بالهجوم، أن

نتحرك بنشاط ونهاجم مملكة الشيطان. فالتاريخ يؤكد والتجربة تثبت أنه لم ينتصر جيشٌ قط باعتماده على أسلوب الدفاع وحده.

سأل أحدهم ضابطاً فرنسياً مشهوراً (برتبة لواء) قائلاً: «أي جيش ينتصر في الحرب؟» فأجاب اللواء: «الذي يبادر بالهجوم!» فمن المؤكد أننا لن نربح حرباً بالتراجع أو حتى بالثبات في مواقعنا. ولن تسقط مملكة الشيطان، ما دامت قادرة على تجميد الكنيسة في وضع الدفاع عن النفس بدلاً من وضع الهجوم.

عندما كشف يسوع ـ للمرة الأولى ـ عن خطته نحو الكنيسة، وضع تصوراً لها بأن تكون في حالة الهجوم على حصون الشيطان. كانت المرة الأولى التي يرد فيها ذكر الكلمة «كنيسة» في العهد الجديد هي في (متى ١٦: ١٨)، حيث كان يسوع يخاطب بطرس قائلاً:

« أَنْتَ بُطْرُسُ، وَعَلَى هَذِهِ الصَّخْرَةِ أَبْنِي كَنِيسَتِي، وَأَبْوَابُ الْجَحِيمِ لَنْ تَقْوَى عَلَيْهَا. »

أما الكلمة اليونانية المترجمة «جحيم» هنا فهي «Hades» وهي كلمة مشتقة من أصل يعني «غير مرئي».

فالجحيـم إذاً أو «Hades» هـو عـالم مملكـة الشيطـان غير المرئي.

لقد صَوَّر يسوع الكنيسة في ضوء نشاطين رئيسين هما البنـاء والقتـال. وينبغي لهذين النشاطين أن يترافقـا دائمـاً. فمـا جدوى القتال إن كنا لا نسعى إلى البناء؟ وكيف نبني إن لم نقاتـل؟ لذلـك، ينبغـي أن نفكر دائمـاً ببنـاء الكنيسة وبقتال قوات الشيطان في آن معاً.

وقد فسر كثيرون كلمات يسوع في (متى ٦: ١٨) تفسيراً خاطئـاً، فافترضوا مخطئيـن أن يسوع صـور الكنيسة في وضـع دفاعـي، وكأنمـا هـي في مدينة محاصـرة بقوات الشيطـان. وفهموا وعد يسـوع علـى أنه ضمانة بـألا يتمكن الشيطـان من اختراق باب تلك المدينة قبـل أن يأتي الرب ويختطف الكنيسة. هذا هو المفهوم الدفاعي الذي ألصقناه بالكنيسة، وهو مفهوم خاطئ تماماً.

لقـد صور يسوع الكنيسة في وضـع الهجوم على أبواب الشيطـان، وكان وعـده أن أبواب الشيطان لـن تصمد أمام هجـوم الكنيسة، وأن الشيطان لـن يتمكن من صد تقدمها.

فليست الكنيسة هي التي تحاول صد الشيطان ومنعه من الدخول، بل الشيطان الذي يحاول صد الكنيسة فيفشل. ويتضمن وعد يسوع أننا إن أطعناه باعتباره قائداً أعلى، نستطيع - آنذاك - أن نتحرك خارج قواقعنا مهاجمين معاقل الشيطان، محطمين أبواب الجحيم، محررين أسرى الظلام ومستردين كل ما سلبه الشيطان. هذه هي مهمة الكنيسة، وهي مهمة هجومية بالضرورة لا دفاعية.

وللكلمة «باب» معنى ذا أهمية بالغة في الكلمة المكتوبة، فالباب أولاً هو مكان الحكم والمشاورة. مثلاً نقرأ في (أمثال ٣١: ٢٣) عن زوج المرأة الفاضلة الأمينة ما يلي:

« زَوْجُهَا مَعْرُوفٌ فِي الأَبْوَابِ حِينَ يَجْلِسُ بَيْنَ مَشَايِخِ الأَرْضِ. »

لاحظ أن باب المدينة هو مكان اجتماع الشيوخ الذين يحكمون المدينة ويديرون شؤونها. فعندما يقول الكتاب إن أبواب الشيطان، أو أبواب الجحيم، لن تقوى على الكنيسة، فهذا يعني أن مشورات الشيطان ضد الكنيسة ستُحبط وتُخفق إخفاقاً تاماً.

والبـاب هـو المـكان الطبيعـي الـذي يستهدفـه الهجوم على مدينـة مـا، فالبـاب أضعف مـن الأسـوار. نقـرأ في (إشعياء ٢٨: ٦):

«... وَبَأْساً لِلَّذِينَ يَرُدُّونَ الْحَرْبَ إِلَى الْبَابِ.»، فالصورة التي أمامنا إذاً هي صورة الكنيسة التي تنقض على أبواب معاقل الشيطان، وصورة الأبواب الشيطانية التي تعجز عن صد هجوم الكنيسة ومنعها من الدخول. من هنا ينبغي لنا أن نتوقـف عن التفكير بتكتيك دفاعـي، وأن نبدأ بالتفكير بتكتيك هجومي.

وأعتقد ـ حسب تجربتي وخبرتي ـ أن معظم المؤمنين يعانون من موقف قد تعبر عنه هذه الكلمات: «أين يا ترى سيضـرب الشيطان ضربته التالية»؟ وأعتقد أن عكس هذه الحـال هو المُراد، ينبغـي أن يتسـاءل الشيطـان عن مكان الضربة التالية التي ستضربها الكنيسة.

ولمتابعـة دراسة موضوعنا هذا حول الكنيسة المبادرة بالهجـوم، أود أن أوضـح أولاً القاعدة الكتابية التي نعتمد عليهـا بهذا الخصوص. ونجد هذه القاعدة ـ بشكل رئيسي ـ في عـدد واحد في (كولوسي ٢: ١٥)، حيث يصف بولس مـا حققـه الله من خلال مـوت المسيح نيابة عنا على الصليب.

« ... **إِذْ جَـرَّدَ الرِّيَاسَاتِ وَالسَّلاَطِـينَ** » الرياسات هنا هي نفسها تلك المُشار إليها في (أفسس ٦: ١٢). وقد جرد **الله**، بواسطة الصليب، تلك الرياسات والسلاطين من السلاح. هل فكرت يوماً أن الشيطان منزوع السلاح؟ نعم، لقد نزع **الله** أسلحته ، وجرد الرياسات بعمل الصليب. أما تتمة ذلك العدد فهي: « ... **أَشْهَرَهُمْ جِهَاراً، ظَافِراً بِهِمْ فِيهِ.** »

إذاً نزع **الله** الأسلحة من مملكة الشيطان، وشهر بمن يمثلون مملكة الشيطان علناً (أي أعلن هزيمتهم وأذلهم علناً)، وظفر بهم بالصليب.

وكما بينا سابقاً فإن الظفر هنا لا يعني واقعة الانتصار نفسها، بل يشير إلى الاحتفال بانتصار قد سبق وتم، وإلى إظهار ذلك الانتصار الكامل. فعلى الصليب لم يكسب يسوع المعركة لأجل نفسه، فهو منتصر دائماً، لكنه انتصر نيابة عنا. وهكذا صار انتصاره هو انتصارنا نحن.

ويعلن بولس في (٢كورنثوس ٢: ١٤) قائلاً:

« **وَلَكِنْ شُكْراً لِلَّهِ الَّذِي يَقُودُنَا فِي مَوْكِبِ نُصْرَتِهِ فِي الْمَسِيحِ كُلَّ حِينٍ، وَيُظْهِرُ بِنَا رَائِحَةَ مَعْرِفَتِهِ فِي كُلِّ مَكَانٍ.** »

«كل حين» و «في كل مكان» نحن نمثل انتصار المسيح. وهكذا يظهر الله انتصار المسيح من خلالنا على الرياسات والسلاطين والقوات الشيطانية. ذلك الانتصار الذي يتحقق فينا وبنا.

وها هي الإرسالية الأخيرة التي وضعها يسوع بين يدي تلاميذه في (متى ٢٨: ١٨ ـ ١٩):

« **فَتَقَدَّمَ يَسُوعُ وَكَلَّمَهُمْ قَائِلاً:** « **دُفِعَ إِلَيَّ كُلُّ سُلْطَانٍ فِي السَّمَاءِ وَعَلَى الأَرْضِ** [إن كان للمسيح كل السلطان، فلا سلطان لسواه، إلا إذا أراد هو أن يسلم سلطانه إلى من يريد]، **فَاذْهَبُوا وَتَلْمِذُوا جَمِيعَ الأُمَمِ، وَعَمِّدُوهُمْ بِاسْمِ الآبِ وَالابْنِ وَالرُّوحِ الْقُدُسِ.** »

قال يسوع: «...**دُفِعَ إِلَيَّ كُلُّ سُلْطَانٍ... فَاذْهَبُوا...**» فما دلالة حرف الفاء هنا؟ أعتقد أن يسوع يريد أن يقول: «اذهبوا ومارسوا السلطان الذي دُفع إليَّ، مارسوه نيابة عني.» إن مهمتنا هي أن نُفَعِّل انتصار يسوع بطريقة عملية؛ أن نظهر غلبته ونمارس سلطانه، وهي الأمور التي كسبها يسوع نيابة عنا. ولا يكون السلطان فعالاً إن لم نمارسه، بل يكون بلا ثمر ويبقى بلا فاعلية.

ولا يستطيع العالم أن يرى انتصار المسيح إلا إذا

أظهرناه نحن؛ لقد حقق المسيح الانتصار، لكن مهمتنا هي إظهار ذلك الانتصار على الشيطان وعلى مملكته. ولا يمكن إظهار الانتصار إلا عندما ننتقل من مواقعنا الدفاعية إلى المبادرة بالهجوم.

الفصل الخامس عشر

سلاح الصلاة

لقد وفر لنا الله الأسلحة الروحية المناسبة للإغارة على حصون الشيطان وهدمها. نقرأ في (٢كورنثوس ١٠: ٤):

«**إِذْ أَسْلِحَةُ مُحَارَبَتِنَا لَيْسَتْ جَسَدِيَّةً** [أي ليست مادية كالقنابل والرصاص والدبابات والطائرات]، **بَلْ قَادِرَةٌ بِاللَّهِ عَلَى هَدْمِ حُصُونٍ.**»

هذه الحصون هي حصون الشيطان بالطبع. إذاً فقد وفر لنا الله أسلحة روحية، وبِناءً على دراستي المكثفة وخبرتي الشخصية، أعتقد أن كلمة الله تعلن عن أربعة أسلحة هجومية هي :الصلاة، التسبيح، الكرازة، والشهادة، ونتحدث أولاً عن سلاح الصلاة.

وأود أن أؤكد هنا على أن الصلاة هي أكثر من مجرد سلاح، فللصلاة اعتبارات كثيرة، أحدها فقط هو أنها

سلاح في الحرب الروحيــة. وأعتقد أنها السلاح الأقوى من بين جميع الأسلحة التي أوكلنا الله عليها.

في (أفسس ٦: ١٨)، وبعد أن يذكر بولس قائمة الأسلحة الدفاعية يقول:

«مُصَلِّينَ بِكُلِّ صَلاَةٍ وَطِلْبَةٍ كُلَّ وَقْتٍ فِي الرُّوحِ...»

وهنا ينتقل بولس من الحديث عن الدفاع إلى الهجوم، وليس من قبيل المصادفة أن تأتي هذه الكلمات بعد قائمة الأسلحة الدفاعية مباشرة، فهو يذكر هنا أعظم الأسلحة الهجومية على الإطلاق، ألا وهو الصلاة.

فكر بالصلاة وكأنها صاروخ عابر للقارات؛ إنه صاروخ يُطلق من إحدى القارات، ويوجه بواسطة نظام تكنولوجي متقدم إلى هدف في قارة أخرى، وذلك لتدمير ذلك الهدف المحدد. ولا تُحَدُّ الصلاة بوقتٍ أو مسافة، فهي تشبه ذلك الصاروخ عابر القارات. وبالصلاة نستطيع أن نباغت حصون الشيطان أينما كانت، حتى ولو في مقرها السماوي.

ومن أمثلة الصلوات الهجومية ما نجده في (أعمال الرسل ١٢: ١ ـ ٦). كانت الكنيسة تعاني من

اضطهاد الملك هيرودس، وكان يعقوب - أحد القادة - قد أُعدم بالفعل على يد هيرودس. أما بطرس فقد أعتقل وسُجن ووضع على لائحة الإعدام. فيما يلي وصف تلك الحالة كما يقدمها سفر الأعمال:

«**وَفِي ذَلِكَ الْوَقْتِ مَدَّ هِيرُودُسُ الْمَلِكُ يَدَيْهِ لِيُسِيءَ إِلَى أُنَاسٍ مِنَ الْكَنِيسَةِ، فَقَتَلَ يَعْقُوبَ أَخَا يُوحَنَّا بِالسَّيْفِ. وَإِذْ رَأَى أَنَّ ذَلِكَ يُرْضِي الْيَهُودَ عَادَ فَقَبَضَ عَلَى بُطْرُسَ أَيْضاً. وَكَانَتْ أَيَّامُ الْفَطِيرِ. وَلَمَّا أَمْسَكَهُ وَضَعَهُ فِي السِّجْنِ مُسَلِّماً إِيَّاهُ إِلَى أَرْبَعَةِ أَرَابِعَ مِنَ الْعَسْكَرِ لِيَحْرُسُوهُ، نَاوِياً أَنْ يُقَدِّمَهُ بَعْدَ الْفِصْحِ إِلَى الشَّعْبِ** [لم يكن هيرودس ليقتل بطرس وقت الفصح، لأن ذلك كان سيُعتبر انتهاكاً لقدسية ذلك اليوم في نظر اليهود]. **فَكَانَ بُطْرُسُ مَحْرُوساً فِي السِّجْنِ. وَأَمَّا الْكَنِيسَةُ فَكَانَتْ تَصِيرُ مِنْهَا صَلاَةٌ بِلَجَاجَةٍ إِلَى اللهِ مِنْ أَجْلِهِ. وَلَمَّا كَانَ هِيرُودُسُ مُزْمِعاً أَنْ يُقَدِّمَهُ، كَانَ بُطْرُسُ فِي تِلْكَ اللَّيْلَةِ نَائِماً بَيْنَ عَسْكَرِيَّيْنِ مَرْبُوطاً بِسِلْسِلَتَيْنِ. وَكَانَ قُدَّامَ الْبَابِ حُرَّاسٌ يَحْرُسُونَ السِّجْنَ.**»

كان بطرس مسجوناً تحت حراسة مشددة جداً، فقد كان هيرودس حريصاً جداً على ألا ينقذه أحد، حتى أنه أمر

بأربعة فرق تتناوب الحراسة نهاراً وليلاً، وفي كل فريق أربعة جنود. وواضح أيضاً أن حارساً كان ينبغي أن يكون مقيداً بيدي بطرس أو بقدميه، مما يجعل من المستحيل أن تنجح عملية إنقاذٍ طبيعية. لكن الكنيسة كانت تصلي بلجاجة.

هكذا تعمل الأزمات على تعديل أولوياتنا. لا أعرف كيف كان حال الكنيسة - قبل تلك الأزمة - من جهة اللجاجة والمثابرة في الصلاة، لكن ما حدث هو أن يعقوب أُخذ من بينهم فجأة، وهم يدركون الخطر الذي ينتظرهم إذا فقدوا قائدهم بطرس أيضاً، لقد دفعهم هذا كله إلى اللجاجة في الصلاة. ولم يصلوا في النهار فقط، بل في الليل أيضاً كما يُشير الكتاب، إذ قال يسوع في (لوقا ١٨: ٧): « **أَفَلاَ يُنْصِفُ اللهُ مُخْتَارِيهِ الصَّارِخِينَ إِلَيْهِ نَهَاراً وَلَيْلاً...؟!**» فضمان التدخل الإلهي يتطلب أحياناً صلاة مكثفة ومستمرة. وكان يسوع قد قدم وعداً لبطرس في (يوحنا ٢١: ١٨-١٩):

«**اَلْحَقَّ الْحَقَّ أَقُولُ لَكَ: لَمَّا كُنْتَ أَكْثَرَ حَدَاثَةً كُنْتَ تُمَنْطِقُ ذَاتَكَ وَتَمْشِي حَيْثُ تَشَاءُ. وَلكِنْ مَتَى شِخْتَ فَإِنَّكَ تَمُدُّ يَدَيْكَ وَآخَرُ يُمَنْطِقُكَ وَيَحْمِلُكَ حَيْثُ لاَ تَشَاءُ**». قَالَ هَذَا مُشِيراً إِلَى

أَيَّةِ مِيتَةٍ كَانَ مُزْمِعـاً أَنْ يُمَجِّدَ اللهَ بِهَا. وَلَمَّا قَالَ هَذَا قَالَ لَهُ: «اتْبَعْنِي».»

فهل كان بطرس يتأمل بهذا الوعد أثناء وجوده في السجن؟ فقد قال له يسوع: «... **وَلَكِنْ مَتَى شِخْتَ...**» ولم يكن بطرس قد شاخ بعد في ذلك الوقت. وأعتقد أنه كان يتوقع حدوث شيء ما يثبت كلمات يسوع، وقد ثبتت بالفعل، ولكن الأمر تطلب صلاة الكنيسة لتحقيقه.

وقد استجاب الله لتلك الصلاة إذ أرسل ملاكاً ليحرر بطرس. هذا ما نجد تفاصيله في (أعمال ١٢: ٧-١١):

«**وَإِذَا مَلاَكُ الرَّبِّ أَقْبَلَ، وَنُورٌ أَضَاءَ فِي الْبَيْتِ، فَضَرَبَ جَنْبَ بُطْرُسَ وَأَيْقَظَهُ قَائِلاً: «قُمْ عَاجِلاً». فَسَقَطَتِ السِّلْسِلَتَانِ مِنْ يَدَيْهِ. وَقَالَ لَهُ الْمَلاَكُ: «تَمَنْطَقْ وَالْبَسْ نَعْلَيْكَ». فَفَعَلَ هَكَذَا. فَقَالَ لَهُ: «الْبَسْ رِدَاءَكَ وَاتْبَعْنِي». فَخَرَجَ يَتْبَعُهُ. وَكَانَ لاَ يَعْلَمُ أَنَّ الَّذِي جَرَى بِوَاسِطَةِ الْمَلاَكِ هُوَ حَقِيقِيٌّ، بَلْ يَظُنُّ أَنَّهُ يَنْظُرُ رُؤْيَا. فَجَازَا الْمَحْرَسَ الأَوَّلَ وَالثَّانِيَ وَأَتَيَا إِلَى بَابِ الْحَدِيدِ الَّذِي يُؤَدِّي إِلَى الْمَدِينَةِ، فَانْفَتَحَ لَهُمَا مِنْ ذَاتِهِ، فَخَرَجَا وَتَقَدَّمَا زُقَاقاً وَاحِداً. وَلِلْوَقْتِ فَارَقَهُ الْمَلاَكُ.**

فَقَالَ بُطْرُسُ وَهُوَ قَدْ رَجَعَ إِلَى نَفْسِهِ: «الآنَ عَلِمْتُ يَقِيناً

أَنَّ الــرَّبَّ أَرْسَلَ مَلاَكَهُ وَأَنْقَذَنِي مِنْ يَــدِ هِيرُودُسَ، وَمِنْ كُلِّ انْتِظَارِ شَعْبِ الْيَهُودِ».»

لقـد استجاب الله لصـلاة الكنيسة بتدخـل فوق طبيعي وبواسطة ملاك. لكن تحرير بطرس كان الجزء الأول فقط من نتائج صلواتهم. وينبغي أن نلقي الضوء على الجزء الثاني، الذي يتضمن دينونة نفذها ملاك الرب على الملك المضطهد هيرودس. فلنقرأ معاً ما في (أعمال ١٢: ١٩-٢٣):

«وَأَمَّا هِيرُودُسُ فَلَمَّا طَلَبَــهُ وَلَمْ يَجِدْهُ فَحَصَ الْحُرَّاسَ وَأَمَرَ أَنْ يَنْقَادُوا إِلَى الْقَتْلِ. ثُمَّ نَزَلَ مِنَ الْيَهُودِيَّةِ إِلَى قَيْصَرِيَّةَ وَأَقَامَ هُنَــاكَ. وَكَانَ هِيرُودُسُ سَاخِطاً عَلَــى الصُّورِيِّينَ وَالصَّيْدَاوِيِّينَ فَحَضَـرُوا إِلَيْهِ بِنَفْسٍ وَاحِــدَةٍ، وَاسْتَعْطَفُوا بَلاَسْتُسَ النَّاظِرَ عَلَــى مَضْجَعِ الْمَلِكِ، ثُمَّ صَارُوا يَلْتَمِسُونَ الْمُصَالَحَــةَ لأَنَّ كُورَتَهُمْ تَقْتَاتُ مِنْ كُــورَةِ الْمَلِكِ. فَفِي يَوْمٍ مُعَيَّنٍ لَبِسَ هِيرُودُسُــ الْحُلَّةَ الْمُلُوكِيَّةَ وَجَلَسَ عَلَى كُرْسِيِّ الْمُلْكِ وَجَعَلَ يُخَاطِبُهُمْ. فَصَرَخَ الشَّعْبُ: «هَذَا صَوْتُ إِلَهٍ لاَ صَوْتُ إِنْسَانٍ!». فَفِي الْحَالِ ضَرَبَهُ مَلاَكُ الرَّبِّ لأَنَّهُ لَمْ يُعْطِ الْمَجْدَ لِلَّهِ، فَصَارَ يَأْكُلُهُ الدُّودُ وَمَاتَ.»

فـنرى كيـف عملت الصـلاة، في ذلـك الوضـع، كسلاح هجومـي. لقد اخترقـت الصـلاة السمـاء وأطلقـت الملائكة

للتدخـل. ويمكـن مقارنة ذلك مع ما حدث أيـام دانيال، إذ صلـى دانيــال فجــاءت الملائكـة بالاستجابة مـن السماء (أنظر دانيال ١٠).

أمــا التعليق الأخير الذي يختم به الكتاب حادثة أعمال الرسل فهو التالي:

«وَأَمَّا كَلِمَةُ اللهِ فَكَانَتْ تَنْمُو وَتَزِيدُ.» (أعمال ١٢: ٢٤).

هــذا يصور نمـو كلمة الله الـذي لا يقــاوم، خاصة ذلك الوعـد الـذي أعطاه يسوع لبطرس بـأنه لن يمـوت قبل أن يشيخ. لكن وعـود الله تطلبت الصلاة من أجل تثبيتها. هذا مـا ينبغـي أن نفهمه: إن وعـود كلمة الله ليسـت بديلاً عن صلواتنا، فالوعـود تدفعنا إلى الصلاة، والصلاة ضرورية لتحويــل تلك الوعود إلى حقيقــة فعالة في أرواحنا. كما أن تحرك الملائكة وتدخلها من أجلنا يتطلب الصلاة.

تقــول كلمــة الله إن الملائكـة هـي أرواحٌ خادمة، أُرسلت لمنفعتنا. لكـن الملائكـة لا تأتـي عـادةً إلا متـى صلينا؛ فصلواتنـا تحـرك الملائكـة وتجعلهـا تتدخـل كاستجابة إلـهية. تذكر: الصلاة تخترق مملكة الشيطان في السماويات وتُطْلِق الملائكة لكي تتدخل.

الفصل السادس عشر

سلاح التسبيح

السلاح الهجومي العظيم الثاني، والذي يأتي منطقياً بعد الصلاة، هو سلاح التسبيح. يمكنك اعتبار التسبيح شكلاً من أشكال الصلاة بمعنى ما، لكن التسبيح في الكتاب المقدس مرتبط دائماً بخوف الله أو هيبته الفائقة. يعمل التسبيح على تحقيق التدخل الإلهي، وهو أيضاً تجاوبنا المناسب الذي يليق بذلك التدخل. نقرأ في (خروج ١٥: ١٠ - ١١) تلك التسبيحة التي رفعها الشعب القديم بعد خروجهم أحراراً من مصر، وبعد أن غرق جيش فرعون في البحر الأحمر.

«**نَفَخْتَ بِرِيحِكَ فَغَطَّاهُمُ الْبَحْرُ. غَاصُوا كَالرَّصَاصِ فِي مِيَاهٍ غَامِرَةٍ. مَنْ مِثْلُكَ بَيْنَ الآلِهَةِ يَا رَبُّ؟ مَنْ مِثْلُكَ مُعْتَزّاً فِي الْقَدَاسَةِ، مَخُوفاً بِالتَّسَابِيحِ، صَانِعاً عَجَائِبَ؟**».

لاحظ عبارة «مخوفاً بالتسابيح»، فالتسبيح يعلن

ويدعــو إلى مخافة الله وهيبتــه، وخاصة ضــد أعداء شعب الله.

ويعلن (المزمور٢٢: ٢٣):

«يَـــا خَائِفِي الـــرَّبِّ، سَبِّحُوهُ. مَجِّدُوهُ يَـــا مَعْشَرَ ذُرِّيَّةِ يَعْقُوبَ، وَاخْشُوهُ يَا زَرْعَ إِسْرَائِيلَ جَمِيعاً.»

التسبيــح أيضاً هو التجاوب المناسب الذي يتبناه شعب الله أمــام رهبة الله وأمــام أعماله المخوفة في الحرب من أجل شعبه. يقول (مزمور٨: ٢):

«مِنْ أَفْوَاهِ الأَطْفَالِ وَالرُّضَّــعِ أَسَّسْتَ حَمْداً...» (أو قوة كما سنرى فيما بعد).

« بِسَبَبِ أَضْدَادِكَ، لِتَسْكِيتِ عَدُوٍّ وَمُنْتَقِمٍ.»

ونرى هنا أن الله وفر لشعبه قوة ضد أعدائهم. وتستخدم في هــذا العــدد كلمتــان لوصف العــدو: الأولــي، «أضداد» بصيغــة الجمــع، وأعتقد أن هــذه الكلمة تعود على مملكة الشيطان بشكل عــام، فالأضداد هم الرياسات والسلاطين الــولاة وأجناد الشر الروحية التي يتحدث عنها بولس في (أفسس ٦: ١٢) أمــا الكلمــة الثانية فهي «عدو» بالمفرد،

وأعتقد أنها تعود على الشيطان نفسه.

لقد وفر الله لشعبه القوة ليتعامل مع مملكة الشيطان بأكملها. ويعلن (متى ٢١: ١٥-١٦) طبيعة هذه القوة بوضوح، حيث كان يسوع يجري بعض المعجزات في الهيكل، وكان الأطفال يركضون جيئةً وذهاباً بفرح قائلين «أُوصَنّا!»؛ فطلب القادة المتدينون من يسوع أن يُسكتهم.

« **فَلَمَّا رَأَى رُؤَسَاءُ الْكَهَنَةِ وَالْكَتَبَةُ الْعَجَائِبَ الَّتِي صَنَعَ، وَالأَوْلاَدَ يَصْرَخُونَ فِي الْهَيْكَلِ وَيَقُولُونَ: «أُوصَنَّا لابْنِ دَاوُدَ» غَضِبُوا، وَقَالُوا لَهُ: «أَتَسْمَعُ مَا يَقُولُ هؤُلاَءِ؟». فَقَالَ لَهُمْ يَسُوعُ: «نَعَمْ! أَمَا قَرَأْتُمْ قَطُّ: مِنْ أَفْوَاهِ الأَطْفَالِ وَالرُّضَّعِ هَيَّأْتَ تَسْبِيحاً؟**».

أجابهم يسوع مقتبساً (مزمور ٨ : ٢)، لكنه غير في الكلمات المقتبسة قليلاً؛ ففي الأصل العبري ترد كلمات المزمور كما يلي: «بأفواه الأطفال والرضع أسست لك عزة...» (الترجمة اليسوعية)، والعزة هنا تعني القوة. وعندما اقتبس يسوع هذه الكلمات قال: «من أفواه الأطفال والرضع هيأت تسبيحاً» وكأن هذه الكلمات هي تعليق يسوع الشخصي على منطوق المزمور، وذلك لإعلان أن

التسبيح هو قوة شعب الله. نعم، التسبيح هو مصدر عظيم للقوة.

وفيما يلي المزيد من الملاحظات حول هذا الإعلان: أولاً، قرأنا في ذلك المقطع العبارة «بأفواه...» أو «من أفواه...»، وهي تشير إلى أن الفم هو القناة الرئيسية لإطلاق أسلحتنا الروحية ضد مملكة الشيطان. ثانياً، يتحدث النص عن «الأطفال» و «الرضع». وفي ذلك إشارة إلى أولئك الذين لا يتمتعون بقوة في أنفسهم، بل ينبغي أن يعتمدوا على قوة الله.

«فِي ذَلِكَ الْوَقْتِ قَالَ يَسُوعُ: «أَحْمَدُكَ أَيُّهَا الآبُ رَبُّ السَّمَاءِ وَالأَرْضِ، لأَنَّكَ أَخْفَيْتَ هَذِهِ عَنِ الْحُكَمَاءِ وَالْفُهَمَاءِ وَأَعْلَنْتَهَا لِلأَطْفَالِ.» (متى ١١: ٢٥).

كان يسوع يتحدث عن تلاميذه في هذا المقطع. «فالأطفال» ليسوا بالضرورة أولئك المولودين حديثاً بالجسد، بل هم الذين لا يملكون قوة خاصة، وينبغي أن يعتمدوا كلياً على قوة الله.

أما الغرض من استخدام التسبيح كسلاح فهو إسكات الشيطان. وهذا يتوافق مع (رؤيا ١٢: ١٠)، حيث نجد إعلاناً رؤيوياً لم يتحقق بعد، لكنه يخبرنا الكثير عن نشاط

الشيطان في وقتنا الحالي.

«وَسَمِعْتُ صَوْتاً عَظِيماً قَائِلاً فِي السَّمَاءِ: «الآنَ صَارَ خَلاَصُ إِلَهِنَا وَقُدْرَتُهُ وَمُلْكُهُ وَسُلْطَانُ مَسِيحِهِ، لأَنَّهُ قَدْ طُرِحَ الْمُشْتَكِي عَلَى إِخْوَتِنَا الَّذِي كَانَ يَشْتَكِي عَلَيْهِمْ أَمَامَ إِلَهِنَا نَهَاراً وَلَيْلاً.»

من هنا نعرف أن سلاح الشيطان الرئيس ضِدَّنا ونشاطه الأساسي هو أن يشتكي علينا، إنه يشتكي علينا (أي يتهمنا) باستمرار أمام **الله** نهاراً وليلاً. وهنا يخطر في بالي ما يلي:

- إن كان الشيطان مشغولاً ليل نهار، فلا يكفي أن ننشغل نحن نهاراً فقط! بل ينبغي أن نواجهه نهاراً وليلاً.

- يشتكي الشيطان علينا لكي يدفعنا إلى الشعور بالذنب، هذا هو سلاحه الرئيسي ضدنا.

وقد تقول: «إذاً، لماذا لا يُسكت **الله** الشيطان؟» والسبب ببساطة هو أن **الله** وفر لنا ما نُسكِت به الشيطان، ولن يفعل هو ذلك نيابة عنا. لقد جعل **الله** لنا التسبيح «من أفواه الأطفال والرضَّع» يصعد التسبيح إلى السموات، ويرتقي إلى عرش **الله**، ويسكت اتهامات الشيطان.

فيمـا يلي مقطـع نبوي هـو (رؤيـا ١٦: ١٣ ـ ١٤). ولن أتطرق إلى شرح الكيفية التي سيتحقق بها تاريخياً، لكنني أريد أن أُشير إلى مبدأ مهم. يقول يوحنا:

«**وَرَأَيْتُ مِنْ فَمِ التِّنِّينِ، وَمِنْ فَمِ الْوَحْشِ، وَمِنْ فَمِ النَّبِيِّ الْكَذَّابِ، ثَلاَثَةَ أَرْوَاحٍ نَجِسَةٍ شِبْهَ ضَفَادِعَ، فَإِنَّهُمْ أَرْوَاحُ شَيَاطِينَ صَانِعَةٌ آيَاتٍ، تَخْرُجُ عَلَى مُلُوكِ الْعَالَمِ وَكُلِّ الْمَسْكُونَةِ لِتَجْمَعَهُمْ لِقِتَالِ ذلِكَ الْيَوْمِ الْعَظِيمِ، يَوْمِ اللهِ الْقَادِرِ عَلَى كُلِّ شَيْءٍ.**»

فـالأرواح الشيطانيـة النجسة تعمـل بـأفواهـهـا أيضاً! التسبيـح الـذي يُسكت الشيطان يخرج مـن أفواه شعب الله. القوى الروحية الشيطانية تنطلق من خلال أفواه العاملين إلى جانـب الشيطان، فمن فم التنـين ومن فم الوحش ومن فم النبي الكاذب تخرج أرواح نجسة. وبصورة ما، يشير هذا إلى أن المنتصـر في الحرب الروحيـة هو ذلك الجانب الذي يستخـدم فمـه بفاعلية أكـبر. فإن لم نتعلم كيـف نستخدم أفواهنا، فلن نكسب الحرب.

وتُشبـه الأرواح النجسـة هنـا بـالضفـادع. ومن الجدير بـالملاحظـة أن الضفادع تُصـدِر، في الليل فقط، ضجيجها

الـذي لا ينقطـع»، ونقيقهـا الرتيب المتكرر طـوال ساعـات الظلمـة. وفي ذلـك صـورة معبرة عـن أحـد الأساليب التي أَلِفناهـا في حضارتنا المعاصرة وهـو الدعاية والترويج. وكثـيراً مـا يكـون الترويـج أداة شيطانية تهـدف إلى نشر أفـكار كاذبـة، أو تعزيز أهـداف سياسية مُغرضـة، أو دعم حـكام أشرار. أما التسبيح الـذي يخرج من أفواه شعب الله، فهو واحدٌ من الأساليب العظيمة للتعامل مع هذه القوى.

مثال آخر على قوة التسبيح في (مزمور ١٤٩: ٦ ـ ٩):

«**تَنْوِيهَاتُ اللهِ فِي أَفْوَاهِهِمْ، وَسَيْفٌ ذُو حَدَّيْنِ فِي يَدِهِمْ، لِيَصْنَعُوا نَقْمَةً فِي الأُمَمِ، وَتَأْدِيبَاتٍ فِي الشُّعُوبِ. لأَسْرِ مُلُوكِهِمْ بِقُيُودٍ، وَشُرَفَائِهِمْ بِكُبُولٍ مِنْ حَدِيدٍ، لِيُجْرُوا بِهِمُ الْحُكْمَ الْمَكْتُوبَ. كَرَامَةٌ هذَا لِجَمِيعِ أَتْقِيَائِهِ. هَلِّلُويَا!**»

إنه عمل في متناول جميع شعب الله من خلال التسبيح، ويرافـق التسبيح سيف ذو حدين هـو كلمة الله، وهذا يشير إلى ضـرورة ترافـق التسبيـح والكلمـة. فالتسبيح المرتبط بكلمـة الله يكـون أداة لدينونـة الملـوك والأمم. أما الملوك والشرفـاء في هـذا النص فهم الرتب الملائكيـة الشيطـانية مـن ملـوك وأمراء. وقد دفـع الله إلينا ـ نحـن شعبه المؤمن

- سلطان إجراء الحكم المكتوب بتلك الرتب الشيطانية، أي أن ننفذ دينونة **الله** العادلة عليهم، وهو امتياز منحه **الله** لجميع قديسيه.

يقول بولس لمؤمني كورنثوس في (١كورنثوس ٦: ٢ - ٣):

« **أَلَسْتُمْ تَعْلَمُونَ أَنَّ الْقِدِّيسِينَ سَيَدِينُونَ الْعَالَمَ؟ فَإِنْ كَانَ الْعَالَمُ يُدَانُ بِكُمْ، أَفَأَنْتُمْ غَيْرُ مُسْتَأْهِلِينَ لِلْمَحَاكِمِ الصُّغْرَى؟ أَلَسْتُمْ تَعْلَمُونَ أَنَّنَا سَنَدِينُ مَلاَئِكَةً؟...** »

نحن نمتلك هذا السلطان بواسطة كلمة **الله** وبواسطة سلاح التسبيح. لقد منحنا **الله** سلطان إجراء دينونة **الله** بالملائكة والسلاطين والملوك والشعوب والأمم، وهذا يتضمن سلطاناً عظيماً وقوة هائلة.

الفصل السابع عشر

سلاح الكرازة

يرتبط هذا السلاح الهجومي بكلمة الله بصورة أكثر مباشرة وتحديداً، فالكرازة هي إعلان كلمة الله بالتحديد ولا شيء غير كلمة الله. ولا تنطبق هذه الكلمة ـ بمعناها الكتابي ـ على الكرازة بأي شيء آخر كالفلسفة البشرية أو الأيديولوجيات السياسية ولا حتى الدراسات اللاهوتية العميقة.

نبدأ بالوصية الجليلة التي يناشد بها بولس تيموثاوس في (٢ تيموثاوس ٤: ١ ـ ٤):

«أَنَا أُنَاشِدُكَ إِذاً أَمَامَ اللهِ وَالرَّبِّ يَسُوعَ الْمَسِيحِ، الْعَتِيدِ أَنْ يَدِينَ الأَحْيَاءَ وَالأَمْوَاتَ، عِنْدَ ظُهُورِهِ وَمَلَكُوتِهِ: اكْرِزْ بِالْكَلِمَةِ. اعْكُفْ عَلَى ذَلِكَ فِي وَقْتٍ مُنَاسِبٍ وَغَيْرِ مُنَاسِبٍ. وَبِّخْ، انْتَهِرْ، عِظْ بِكُلِّ أَنَـاةٍ وَتَعْلِيمٍ. لأَنَّهُ سَيَكُونُ وَقْتٌ لاَ يَحْتَمِلُونَ فِيهِ

التَّعْلِيمَ الصَّحِيحَ، بَلْ حَسَبَ شَهَوَاتِهِمُ الْخَاصَّةِ يَجْمَعُونَ لَهُمْ مُعَلِّمِينَ مُسْتَحِكَّةً مَسَامِعُهُمْ، فَيَصْرِفُونَ مَسَامِعَهُمْ عَنِ الْحَقِّ، وَيَنْحَرِفُونَ إِلَى الْخُرَافَاتِ.»

أحب هنا أن أُلقي الضوء على بعض النقاط المهمة: **أولاً**، جلال هذه الوصية وهيبتها. لقد قدم بولس وصيته هذه «أمام الله والرب يسوع المسيح». وذلك في ضوء أن يسوع سَيَدِين «الأحياء والأموات عند ظهوره وملكوته». إنها وصية تغمرها الهيبة ويسربلها الجلال بطريقة لم يسبق لها مثيل في وصية تُقدم إلى خادم.

ثانياً: محتوى الوصية هو الكرازة بالكلمة. وهذا يبين مسئولية الكارز عن الرسالة التي يكرز بها. والإشارة إلى أن يسوع سيدين الأحياء والأموات تتضمن أن الكارز سيقف أمام الرب ويُسأل عن ما كرز به.

إننا نقف أمام تحذير بعدم مجاملة العصاة الباحثين عن ملذاتهم، والذين لا يريدون سماع الحق باحثين عن من يكرز لهم بما يريدون سماعه. وينبهنا بولس إلى أن الحق لن يكون مقبولاً من الجميع، مع ذلك، ورغم المعارضة

والانتقـاد، تبقى الوصية كما هي: «**اكرز بالكلمة**».

وفي الكتـاب المقدس الكثير والكثير عن فاعلية كلمة الله. يقول الله في (إشعياء ٥٥: ١١):

«**هَكَـذَا تَكُونُ كَلِمَتِي الَّتِي تَخْرُجُ مِنْ فَمِي. لاَ تَرْجِعُ إِلَيَّ فَارِغَةً، بَـلْ تَعْمَلُ مَا سُرِرْتُ بِهِ، وَتَنْجَـحُ فِي مَا أَرْسَلْتُهَا لَهُ.**»

وفي (إرميا ٢٣: ٢٩):

«**أَلَيْسَتْ هَكَذَا كَلِمَتِي كَنَارٍ يَقُولُ الرَّبُّ، وَكَمِطْرَقَةٍ تُحَطِّمُ الصَّخْرَ؟**»

ثم في (عبرانيين ٤: ١٢) حيث نقرأ:

«**لأَنَّ كَلِمَـةَ اللهِ حَيَّـةٌ وَفَعَّالَةٌ، وَأَمْضَـى مِنْ كُلِّ سَيْفٍ ذِي حَدَّيْـنِ، وَخَارِقَةٌ إِلَى مَفْرَقِ النَّفْسِ وَالرُّوحِ وَالْمَفَاصِلِ وَالْمِخَاخِ، وَمُمَيِّزَةٌ أَفْكَارَ الْقَلْبِ وَنِيَّاتِهِ.**»

تتضمـن الكرازة بكلمة الله قوةً هـائلة، بالإضافة إلى أن نتـائجها مضمونة، حيث أنها تحقق مسرة الله ولا ترجع إليه فـارغـة. إنها مطرقة تحطم صخـرة تقف في طريق مقاصد الله؛ إنهـا سيـف حـادٌ ينفذ إلى أعمـاق الشخصية،

ويكشف أسرار ذهن الإنسان ومكنونات قلبه.

كما نجد في (أعمال ١٩: ٨ ـ ١٠) مثالاً على قوة الكرازة بكلمة الله من خدمة بولس في أفسس:

«**ثُمَّ دَخَلَ الْمَجْمَعَ وَكَانَ يُجَاهِرُ مُدَّةَ ثَلاَثَةِ أَشْهُرٍ مُحَاجّاً وَمُقْنِعاً فِي مَا يَخْتَصُّ بِمَلَكُوتِ اللهِ. وَلَمَّا كَانَ قَوْمٌ يَتَقَسُّونَ وَلاَ يَقْنَعُونَ شَاتِمِينَ الطَّرِيقَ أَمَامَ الْجُمْهُورِ، اعْتَزَلَ عَنْهُمْ وَأَفْرَزَ التَّلاَمِيذَ مُحَاجّاً كُلَّ يَوْمٍ فِي مَدْرَسَةِ إِنْسَانٍ اسْمُهُ تِيرَانُّسُ. وَكَانَ ذَلِكَ مُدَّةَ سَنَتَيْنِ حَتَّى سَمِعَ كَلِمَةَ الرَّبِّ يَسُوعَ جَمِيعُ السَّاكِنِينَ فِي أَسِيَّا مِنْ يَهُودٍ وَيُونَانِيِّينَ.**»

نستطيع أن نصف هذه الخدمة الكرازية التي قدمها بولس بكلمات ثلاث: مكثفة، متواصلة، شاملة. لقد علم بولس بكلمة الله يومياً ولمدة سنتين، وكانت خدمته شاملة من حيث أنها وصلت إلى جميع الساكنين في مقاطعة أسيا. وكثيراً ما نغفل هذه الحقيقة غير مدركين أن بولس أمضى أكثر من سنتين في أفسس كارزاً يومياً بكلمة الله.

وكانت النتائج أشبه ما تكون بإلقاء حجر في بِركة، ثم مراقبة حلقات الماء التي تنطلق من موضع سقوط

الحجــر وتتســع في كل الاتجاهـات إلى أن تصل إلى أبعـد الأطـراف. أمـا النتيجة الأولى لكرازة بولس فكانت تأييداً إلهيـاً فائقـاً، فالكتاب يقول إن الله يؤيد كلمته. إنه لا يؤيد النظريات والفلسفات البشرية، ولا حتى الألقاب الطائفية، لكنـه يؤيد كلمتـه. وهذا ما عمله الله مع بولس إذ نقرأ في (أعمال ١٩: ١١):

«وَكَانَ اللهُ يَصْنَـعُ عَلَـى يَـدَيْ بُولُسَ قُـوَّاتٍ غَيْرَ الْمُعْتَادَةِ».

كـم أُحب هذه العبارة: «قوات غير المعتادة.» أتعلم ماذا يتضمّنُ ذلك؟ إنـه يتضمن وجود قوات معتـادة وأخرى غـير معتادة كتلك التي حدثت في أفسس. وقد سألت نفسي هـذا السؤال مراراً: كم هي الكنائـس التي فيها اليوم قوات معتـادة، بغض النظر عن القوات غـير المعتادة؟ ثم يصف لوقا هذه القوات غير المعتادة في (أعمال ١٩: ١٢) قائلاً:

«حَتَّـى كَانَ يُؤْتَى عَـنْ جَسَدِهِ [أي عـن جسد بولس] بِمَنَادِيلَ أَوْ مَآزِرَ إِلَى الْمَرْضَى فَتَزُولُ عَنْهُمُ الأَمْرَاضُ، وَتَخْرُجُ الأَرْوَاحُ الشِّرِّيرَةُ مِنْهُمْ.»

وأستطيع أن أشهد من اختباراتي الشخصية بأنني رأيت قوات كهذه تحدث في أيامنا هذه، فلم ينته زمن المعجزات. أما العامل الرئيسي الذي يفتح الباب أمام هذه الإظهارات، فهو الكرازة بكلمة **الله**.

إذاً كانت النتيجة الأولى لكرازة بولس في أفسس تأييداً إلهياً فائقاً لرسالته، وكان ذلك التأييد من خلال القوات والمعجزات. أما النتيجة الثانية فكانت إخراج الأرواح الشريرة وكشفها. نقرأ معاً في (أعمال ١٩: ١٣ - ١٦):

«فَشَرَعَ قَوْمٌ مِنَ الْيَهُودِ الطَّوَّافِينَ الْمُعَزِّمِينَ أَنْ يُسَمُّوا عَلَى الَّذِينَ بِهِمِ الأَرْوَاحُ الشِّرِّيرَةُ بِاسْمِ الرَّبِّ يَسُوعَ قَائِلِينَ: «نُقْسِمُ عَلَيْكَ بِيَسُوعَ الَّذِي يَكْرِزُ بِهِ بُولُسُ!». وَكَانَ الَّذِينَ فَعَلُوا هَذَا سَبْعَةَ بَنِينَ لِسَكَاوَا رَجُلٍ يَهُودِيٍّ رَئِيسِ كَهَنَةٍ. فَقَالَ الرُّوحُ الشِّرِّيرُ لَهُمْ: «أَمَّا يَسُوعُ فَأَنَا أَعْرِفُهُ وَبُولُسُ أَنَا أَعْلَمُهُ. وَأَمَّا أَنْتُمْ فَمَنْ أَنْتُمْ؟». فَوَثَبَ عَلَيْهِمُ الإِنْسَانُ الَّذِي كَانَ فِيهِ الرُّوحُ الشِّرِّيرُ وَغَلَبَهُمْ وَقَوِيَ عَلَيْهِمْ حَتَّى هَرَبُوا مِنْ ذَلِكَ الْبَيْتِ عُرَاةً وَمُجَرَّحِينَ.»

من المهم في الخدمة أن ينكشف وكلاء الشيطان العاملين

بالخفاء. والأرواح الشريرة هم عملاء الشيطان السريين، وأن ينكشف أمرهم علناً يُعتبر مرحلة عظيمة من التقدم في خدمة الكلمة. هذا ما حدث في أفسس، وكم تثيرني تلك الكلمات التي اعترف بها الروح الشرير عندما قال:

«**أما يسوع فأنا أعرفه، وبولس فأنا أعلمه.**» فأنا أعتبرها تشجيعاً غير مباشر عندما يقول ممثل الشيطان عن الكارز: «أنا أعلمه؛ إنه يحقق شيئاً ما.» أما النتيجة الثالثة لكرازة بولس فهي تحطيم سيطرة السحر في المدينة كلها، كما نقرأ (أعمال ١٩: ١٧ ـ ١٩):

«**وَصَارَ هَذَا مَعْلُوماً عِنْدَ جَمِيعِ الْيَهُودِ وَالْيُونَانِيِّينَ السَّاكِنِينَ فِي أَفَسُسَ. فَوَقَعَ خَوْفٌ عَلَى جَمِيعِهِمْ، وَكَانَ اسْمُ الرَّبِّ يَسُوعَ يَتَعَظَّمُ. وَكَانَ كَثِيرُونَ مِنَ الَّذِينَ آمَنُوا يَأْتُونَ مُقِرِّينَ وَمُخْبِرِينَ بِأَفْعَالِهِمْ، وَكَانَ كَثِيرُونَ مِنَ الَّذِينَ يَسْتَعْمِلُونَ السِّحْرَ يَجْمَعُونَ الْكُتُبَ وَيُحَرِّقُونَهَا أَمَامَ الْجَمِيعِ. وَحَسَبُوا أَثْمَانَهَا فَوَجَدُوهَا خَمْسِينَ أَلْفاً مِنَ الْفِضَّةِ.**»

نرى هنا الكثيرين من الذين آمنوا وهم مازالوا يتسلّون بأمور السحر، وهو وضع يشبه ما نراه في الكنيسة اليوم؛

قــدم في ملكوت الله وأخرى في ملكوت الشيطان. لكنهم لما رأوا ذلـك البرهـان المخيف علــى حقيقة الشيطـان، قرروا أن يخضعـوا كليـاً لله مبتعدين عن الشيطـان. وكدليل على موقفهم ذاك، جاءوا بالمخطوطات والصحائف التي تحتوي علـى تعاليم السحر والشعـوذة، وأحرقوهـا أمام الجميـع في مدينة أفسس.

كانـت قيمة تلك الكتب حوالي خمسـين ألفاً من الفضة، وكان درهم الفضة يعادل أجرة يوم واحد من العمل آنذاك. أي أنهم أحرقوا ثروة كبيرة تعادل خمسين ألف يوم عمل!

فلننظـر إلى توضيح مختصـر لذلك كما تضعه كلمة الله في (أعمال ١٩: ٢٠):

« هَكَذَا كَانَتْ كَلِمَةُ الرَّبِّ تَنْمُو وَتَقْوَى بِشِدَّةٍ. »

فكلمــة الله كانـت وراء ذلـك كلـه. لقد أنتجت خدمـة الكـرازة بالكلمة نتائج فعالة وحاسمة على امتداد سنتين، فتحطمت مملكـة الشيطـان في تلـك المدينة مـن أساسها، وتهدمت حصونها.

وفي (أعمال ٢٠: ٢٠، ٢٦ ـ ٢٧) من كلمـات بولس نفسه

مشيراً إلى خدمته في أفسس:

«(أنتم تعلمون) **كَيْفَ لَمْ أُؤَخِّرْ شَيْئاً مِنَ الْفَوَائِدِ إِلاَّ وَأَخْبَرْتُكُمْ، وَعَلَّمْتُكُمْ بِهِ...**»

«**لِذَلِكَ أُشْهِدُكُمُ الْيَوْمَ هَذَا أَنِّي بَرِيءٌ مِنْ دَمِ الْجَمِيعِ، لأَنِّي لَمْ أُؤَخِّرْ أَنْ أُخْبِرَكُمْ بِكُلِّ مَشُورَةِ اللهِ.**»

لقد لخص بولس خدمته بأنها لم تخضع للتحفظ والمساومة. تلك هي الكرازة بكلمة **الله** التي تحقق مثل تلك النتائج. وكم نحتاج إلى هذا النوع من الكرازة.

الفصل الثامن عشر

سلاح الشهادة

نبدأ بالتمييز بين الشهادة والكرازة. فالكرازة هي تقديم حقائق كلمة الله مباشرة، أما الشهادة فهي تتعلق بما نقدمه من تجربتنا الشخصية من أحداث تتعلق بكلمة الله وتؤكد حقائقها. مثلاً، إن كنا نكرز برسالة الشفاء، فنحن نكرز بالمبادئ التي يعتمد عليها الشفاء ونقدم وعود الله المختصة بذلك. أما أن نشهد عن الشفاء فيعني أن نتحدث عن حادثة اختبرنا بها الشفاء الإلهي. إذاً الكرازة والشهادة مرتبطتان بكلمة الله، لكنهما تقدمان الكلمة من زاويتين مختلفتين.

الشهادة أساسية في استراتيجية يسوع للوصول إلى العالم كله بالإنجيل. وقد كشف يسوع هذه الاستراتيجية في كلماته الأخيرة على الأرض عندما وقف على جبل

الزيتون مع تلاميذه، وكان على وشك الرحيل عنهم فقال:

«**لَكِنَّكُمْ سَتَنَالُونَ قُوَّةً مَتَى حَلَّ الرُّوحُ الْقُدُسُ عَلَيْكُمْ، وَتَكُونُونَ لِي شُهُوداً فِي أُورُشَلِيمَ، وَفِي كُلِّ الْيَهُودِيَّةِ، وَالسَّامِرَةِ، وَإِلَى أَقْصَى الأَرْضِ**» (أعمال ١: ٨).

وأول ما نلاحظه أننا نحتاج إلى قوة فوق طبيعية كي نكون شهوداً ليسوع. فشهادتنا فائقة وتحتاج إلى أن تدعم بقوة الروح القدس الفائقة. ولم يسمح يسوع لتلاميذه بالانطلاق للشهادة إلى أن لبسوا قوة من الأعالي يوم الخمسين.

الملاحظة الثانية هي أن يسوع لم يقل: «ستشهدون» كما يعتقد الكثيرون من المتدينين اليوم. لكنه قال: «**تكونون لي شهوداً.**» وهذا يتضمن أكثر من الكلمات التي نتحدث بها مع الناس أو النبذ التي نوزعها؛ إنها حياتنا بمجملها شاهدة ليسوع ولحق الإنجيل.

ونلاحظ ثالثاً أن يسوع وضع تصوراً لدائرة دائمة الاتساع، فقال لهم ابدأوا حيث أنتم في أورشليم، اذهبوا واشهدوا لي لكي يؤمنوا ويمتلئوا بالروح القدس، ثم

أطلقوهـم لكي يشهدوا بدورهم لآخريـن يؤمنون هم أيضاً ويمتلئـون من الروح القدس وينطلقون إلى آخرين وهكذا. قـال يسوع أن البداية هي أورشليم، ثم اليهودية من بعدها، ثـم السامرة، ولن تتوقف هـذه العمليـة إلا عندما تصل إلى أقصى أقاصي الأرض.

كانـت كلمـات يسوع الأخـيرة على الأرض. كان عقله وقلبـه مُعَلَّقين بكل البشر من أدنى الأرض إلى أقصاها، ولا يشبعـه إلا أن يصل الإنجيل إلى كل واحد منهم. وكانت استراتيجيته للوصول إلى العالم أجمع تتلخص في أن يكون كل المؤمنـين شهوداً له، يشهدون للآخرين ويربحونهم إلى الملكوت، حيث يبدأ أولئك بدورهم بالشهادة وربح النفوس، وكحلقات المـاء التي يحدثها حجر نرميـه في بِركة، هكذا تتسع هذه العملية لتشمل الأرض كلها.

وإذ ننظـر إلى التاريـخ نـرى أن هـذه الاستراتيجيـة قد نجحـت بالفعـل عندما طبقها شعـب الله. فخلال ثلاثمائة عـام هزمـت شهادةُ المؤمنـين الإمبراطوريـةَ الرومانية. وأعتقـد أن تلـك القوة الروحيـة الرئيسية التـي هزمت تلك

الامبراطورية الوثنية، كانت شهادة الآلاف المؤلفة من المؤمنين من خلفيات عرقية ومستويات اجتماعية ومذاهب دينية مختلفة، والذين صرحوا جميعاً قائلين: «لقد غير يسوع حياتي». وفي النهاية، حطم تأثير هذه الشهادة إمبراطورية الرومان بكل قوتها وقسوتها وجبروتها.

ويشير الكتاب المقدس إلى أن سلاح الشهادة نفسه سيحطِّم مملكة الشيطان في النهاية. نرى هذا في صورة نبوية نجدها في (رؤيا ١٢: ٧ ـ ١١) حيث تصف هذه الأعداد حرباً عظيمة تمتد على اتساع السماء والأرض في نهاية هذا الدهر، ويخوض تلك الحرب الملائكة والبشر معاً:

« وَحَدَثَتْ حَرْبٌ فِي السَّمَاءِ: مِيخَائِيلُ وَمَلاَئِكَتُهُ حَارَبُوا التِّنِّينَ. وَحَارَبَ التِّنِّينُ وَمَلاَئِكَتُهُ وَلَمْ يَقْوُوا، فَلَمْ يُوجَدْ مَكَانُهُمْ بَعْدَ ذَلِكَ فِي السَّمَاءِ. فَطُرِحَ التِّنِّينُ الْعَظِيمُ، الْحَيَّةُ الْقَدِيمَةُ الْمَدْعُوُّ إِبْلِيسَ وَالشَّيْطَانَ، الَّذِي يُضِلُّ الْعَالَمَ كُلَّهُ ـ طُرِحَ إِلَى الأَرْضِ، وَطُرِحَتْ مَعَهُ مَلاَئِكَتُهُ. وَسَمِعْتُ صَوْتاً عَظِيماً قَائِلاً فِي السَّمَاءِ: «الآنَ صَارَ خَلاَصُ إِلَهِنَا وَقُدْرَتُهُ وَمُلْكُهُ وَسُلْطَانُ مَسِيحِهِ، لأَنَّهُ قَدْ طُرِحَ الْمُشْتَكِي عَلَى

إِخْوَتِنَا الَّذِي كَانَ يَشْتَكِي عَلَيْهِمْ أَمَامَ إِلَهِنَا نَهَاراً وَلَيْلاً.»

«المشتكي على الإخوة» هو الشيطان. وهنا وصفٌ لعملية طرحه من مملكته في السماويات، ويتبعه وصفٌ للكيفية التي يغلب بها المؤمنون الشيطان.

« **وَهُمْ غَلَبُوهُ بِدَمِ الْحَمَلِ وَبِكَلِمَةِ شَهَادَتِهِمْ، وَلَمْ يُحِبُّوا حَيَاتَهُمْ حَتَّى الْمَوْتِ.»** (رؤيا ١٢: ١١).

سلاحهم الرئيسي هو شهادتهم التي ستهز في النهاية مملكة الشيطان بأكملها. وأعتقد أن تلك الشهادة تعتمد على أمرين: كلمة **الله** ودم يسوع، فالشهادة تطلق القوة الكامنة في الكلمة وفي الدم.

ونستطيع نحن أن نطبِّق ذلك بطريقة عملية بسيطة: نغلب الشيطان عندما نشهد شخصياً بما تقوله كلمة **الله** عن عمل دم يسوع فينا.

وسوف ترى أهمية الشهادة الشخصية بما تقوله كلمة **الله** عن الدم.

وهناك عدة طرق نستطيع أن نشهد من خلالها. إحداها العشاء الرباني أو «الأفخارستيا» ربما لا نرى العشاء

الرباني على أنه شهادة في أغلب الأحيان، لكنه - في الواقع - شهادة متواصلة بإيماننا في الكلمة وفي الدم. يقول بولس في (١كورنثوس ١١: ٢٦) مشيراً إلى العشاء الرباني:

«**فَإِنَّكُمْ كُلَّمَا أَكَلْتُمْ هَذَا الْخُبْزَ وَشَرِبْتُمْ هَذِهِ الْكَأْسَ تُخْبِرُونَ بِمَوْتِ الرَّبِّ إِلَى أَنْ يَجِيءَ.**»

نحن نعرف بأن الكأس يشير إلى دم الرب يسوع، لذلك فنحن - إذ نتقدم إلى مائدة الرب ونشترك في الخبز والكأس - نشهد ونعلن موت يسوع وقيامته.

ولكي نشهد بفاعلية بما تقوله كلمة **الله** عن دم يسوع، ينبغي أن نعرف ما تقوله الكلمة بالفعل عن دم يسوع. وتُعلن الكلمة خمس عطايا بالغة الأهمية نحصل عليها من خلال دم يسوع:

أولاً: نحن مفديون بالدم؛ هذا ما نجده في (أفسس ١: ٧): «**الَّذِي فِيهِ لَنَا الْفِدَاءُ،...**».

ثانياً: خطايانا مغفورة، إذ يتابع بولس في العدد السابق قائلاً: «**بِدَمِهِ غُفْرَانُ الْخَطَايَا،...**»

إذاً لنا في دم المسيح الفداء أولاً (أي أننا مفديون)،

والغفران ثانياً (أي أن خطايانا مغفورة).

ثالثاً: يطهرنا الدم باستمرار، يوفر لنا الدم طهارة روحية متواصلة، حيث نقرأ الكلمات التالية من (١يوحنا ١: ٧):

« **وَلَكِنْ إِنْ سَلَكْنَا فِي النُّورِ كَمَا هُوَ فِي النُّورِ، فَلَنَا شَرِكَةٌ بَعْضِنَا مَعَ بَعْضٍ، وَدَمُ يَسُوعَ الْمَسِيحِ ابْنِهِ يُطَهِّرُنَا مِنْ كُلِّ خَطِيَّةٍ.** »

رابعاً: تبررنا بالدم. وهذا يعني أن الله قد جعلنا أبراراً، فكأننا لم نخطئ أبداً. وذلك لأننا نصير أبراراً ببرِّ المسيح الذي لم يعرف خطية.

هذا ما نجده في (رومية ٥: ٩): « **فَبِالأَوْلَى كَثِيراً وَنَحْنُ مُتَبَرِّرُونَ الآنَ بِدَمِهِ نَخْلُصُ بِهِ مِنَ الْغَضَبِ.** »

خامساً: يخبرنا الكتاب المقدس في (عبرانيين ١٣: ١٢) أننا نتقدس بدم يسوع، وأن نتقدس يعني أن نتخصص لله:

« **لِذَلِكَ يَسُوعُ أَيْضاً، لِكَيْ يُقَدِّسَ الشَّعْبَ بِدَمِ نَفْسِهِ، تَأَلَّمَ خَارِجَ الْبَابِ.** »

هـذه هـي إذاً العطايا الخمس العظيمـة التي يوفرهـا دم يسوع وتعلنها كلمة الله:

أولاً: نحن مفديون.

ثانياً: نحن مسَامَحون.

ثالثاً: نحن مُطَهَّرون.

رابعاً: نحن مُبَرَّرون.

خامساً: نحن مقدسون.

ولا تكـون هـذه العطايا فَعَّالة في حياتنا بالكامل، إلا عندما نشهد بها شخصياً. ينبغي أن نتحلَّى بالجرأة الكافية لإعلان ما نؤمن به؛ ينبغي أن نعلنه بكلمات كهذه:

أنـا مفدي بدم يسـوع، اشـتراني يسوع وأنقـذني من يد الشيطـان. خطاياي مغفورة بدم يسـوع، طهرني يسوع من كل خطايـاي بدمـه. أنـا مبرر بـدم يسـوع، فكأني لم أفعل خطية أبداً. أنا مقدس بدم يسوع، أنـا مخصص لله، أنـا لست تحت سلطان الشيطان فيما بعد.

تأمـل في هـذه الامتيـازات الخمسـة التي يوفرهـا لك

دم يسـوع: الفـداء، الغفـران، التطهـير، التبريـر، التقديس. ثم آمن بـأن هذه العطايـا تصير فعالة فيـك عندما تشهد عنهـا شخصياً. فبالشهـادة الشخصية بهذه الحقائق نغلب الشيطان «بدم الخروف، وبكلمة شهادتهم».

فلكـي نكـون فعالـين في مصارعتنا الروحيـة، ينبغي أن نبـادر دائمـاً بالهجـوم مستخدمين الأسلحة التي زودنا بهـا الله. فلا يكفـي أن نلجـأ إلى الدفاع عـن النفس آملين أن ينقذنـا الرب. فنحن جيش من الفاتحين الغالبين، وأمم العالم قد نضجت وتهيـأت لمن يقتحمها ويفتحها بإنجيل الملكوت.

نبذة عن المؤلف

ولـد «ديريك برنس» في الهنـد عـام ١٩١٥ من والدين بريطانيـين. تعلم اليونانية واللاتينية في اثنتين من أشهر المؤسسـات التعليميـة في بريطانيـا العظمـى همـا: كلية أيتون وجامعة كامـبردج. والتحق بعضوية كلية «kings» للفلسفـة القديمـة والمعاصرة في الفترة مـا بين (١٩٤٠ ـ ١٩٤٩) في كامـبردج. درس اللغات العبرية والآرامية كمـا يجيد عدداً من اللغـات الحديثة.

في السنـوات الأولى من الحرب العالمية الثانية، وبينما كان يخـدم في الفيلـق الطبـي للجيش الملكـي البريطاني، تقابل «ديريك برنس» مـع الرب يسوع المسيح غيّرت حياته، وهـو يكتـب عن هذا الاختبـار قائلاً: «بعـد أن تعرفت على المسيـح استنتجت حقيقتين، لم أعـرف سبباً واحداً يدعوني إلى التخلي عنهما:

١ـ إن يسوع المسيح حي.

٢. إن الكتـاب المقدس صحيـح ومناسـب لـكل زمـان. لقـد تغيرت هاتـان الحقيقتان مسار حياتـي كلها بطريقة جذرية.»

تـزوج «ديريـك» من زوجتـه الأولى «ليديـا» وتبنى تسع بنـات. وعام ١٩٧٥ رقدت «ليديا» فتزوج «ديريك» زوجته الحـالية «روث» عـام ١٩٧٨.

وصـل «ديريـك» بأسلوبـه اللاطائفـي إلى أنـاس من مختلـف الخلفيـات العرقيـة والدينية. وهو معـروف كأحد رواد تفسـير الكتـاب المقدس في العالم. وقـد نشر أكثر من ثلاثين كتاباً، تُرجم بعضها إلى أكثر من خمسين لغة.